本书系2024年浙江省哲学社会科学规划"省市合作
CEO'赋能农业农村现代化的浙江路径研究"（项目编号：24SSHZ173YB）
研究成果

青年"乡村CEO"赋能浙江农业农村现代化的理论与实践

王　丹◎著

中国商务出版社

·北京·

图书在版编目（CIP）数据

青年"乡村CEO"赋能浙江农业农村现代化的理论与实践／王丹著. -- 北京：中国商务出版社，2025.3.
ISBN 978-7-5103-5661-2
Ⅰ. F327.55
中国国家版本馆CIP数据核字第2025RX8575号

青年"乡村CEO"赋能浙江农业农村现代化的理论与实践
王　丹◎著

出版发行：中国商务出版社有限公司
地　　址：北京市东城区安定门外大街东后巷28号　邮　　编：100710
网　　址：http://www.cctpress.com
联系电话：010—64515150（发行部）　　010—64212247（总编室）
　　　　　010—64515164（事业部）　　010—64248236（印制部）
责任编辑：杨　晨
排　　版：北京天逸合文化有限公司
印　　刷：宝蕾元仁浩（天津）印刷有限公司
开　　本：710毫米×1000毫米　1/16
印　　张：13.75　　　　　　　　　　　　字　　数：205千字
版　　次：2025年3月第1版　　　　　　 印　　次：2025年3月第1次印刷
书　　号：ISBN 978-7-5103-5661-2
定　　价：79.00元

凡所购本版图书如有印装质量问题，请与本社印制部联系
版权所有　翻印必究（盗版侵权举报请与本社总编室联系）

前　言

随着浙江农业农村现代化进程的加速推进，青年"乡村CEO"作为一种新兴力量，正逐渐成为推动乡村振兴的重要角色。浙江作为全国农业现代化先行省，近年来在高效生态农业、农业"双强"行动等方面取得了显著成效，农业现代化水平位居全国前列。然而，乡村地区在发展过程中仍面临人才短缺、资源瓶颈等现实问题。在此背景下，青年"乡村CEO"以其先进的理念、创新的思维和务实的行动，为浙江农业农村现代化注入了新的活力。他们通过整合乡村资源、发展特色产业、推广现代农业技术等方式，有效促进了乡村经济、文化、生态等多方面的振兴。全书共八章，从理论基础、实践探索、科技创新、农业产业链优化升级农村电商、乡村文化振兴、乡村生态文明建设以及乡村人才队伍建设等多个维度，系统研究了青年"乡村CEO"在浙江农业农村现代化中的重要作用和实践经验，全方位、多层次地探讨了青年"乡村CEO"如何以其独特的视角、创新的思维和务实的行动，为浙江农业农村的现代化转型注入强劲动力。

本书适用于农业农村领域的政策制定者、研究学者、实践工作者以及对乡村振兴感兴趣的广大读者，旨在通过分享青年"乡村CEO"的成功案例与宝贵经验，激发更多人的灵感，并为此付出行动，共同推动浙江乃至全国农业农村现代化进程迈向新的高度，为中国式现代化贡献更多力量。

作　者

2024.12

目　录

第一章　青年"乡村CEO"赋能浙江农业农村现代化的理论基础　/001
　　第一节　青年"乡村CEO"的概念界定与角色分析　/001
　　第二节　青年"乡村CEO"与乡村振兴战略的深度融合　/010
　　第三节　现代农业经营与管理理论：青年"乡村CEO"的实践
　　　　　　指南　/018

第二章　青年"乡村CEO"赋能浙江农业农村现代化的实践探索　/030
　　第一节　浙江农业农村现代化的现状、挑战与机遇　/030
　　第二节　青年"乡村CEO"推动的农业农村现代化实践探索　/039
　　第三节　青年"乡村CEO"引领的乡村治理模式创新实践案例　/048

第三章　青年"乡村CEO"与浙江农业科技创新　/060
　　第一节　农业科技创新在农业农村现代化中的核心地位　/060
　　第二节　青年"乡村CEO"推动的农业科技项目实践　/067
　　第三节　农业科技创新对浙江农业农村现代化的影响机制　/076

第四章　青年"乡村CEO"与浙江农业产业链优化升级　/087
　　第一节　农业产业链优化升级在农业农村现代化中的机遇挑战　/087
　　第二节　青年"乡村CEO"在产业链优化中的核心作用　/096
　　第三节　农业产业链优化升级的具体路径与实施策略　/104

第五章　青年"乡村CEO"与浙江农村电商发展　/ 113
第一节　农村电商在农业农村现代化中的战略地位　/ 113
第二节　青年"乡村CEO"引领的农村电商创新模式　/ 121
第三节　农村电商促进农产品品牌化的路径与策略　/ 129

第六章　青年"乡村CEO"与浙江乡村文化振兴　/ 139
第一节　乡村文化在农业农村现代化中的特殊价值　/ 139
第二节　青年"乡村CEO"在乡村文化振兴中的实践探索　/ 147
第三节　乡村文化与乡村旅游融合发展的新模式与策略　/ 152

第七章　青年"乡村CEO"与浙江乡村生态文明建设　/ 162
第一节　生态文明乡村建设在农业农村现代化中的重要意义　/ 162
第二节　青年"乡村CEO"推动的生态文明建设实践　/ 170
第三节　生态农业与循环农业的发展路径与成效　/ 176

第八章　青年"乡村CEO"与浙江乡村人才队伍建设　/ 185
第一节　乡村人才队伍是农业农村现代化中的关键要素　/ 185
第二节　青年"乡村CEO"在人才队伍建设中的引领作用　/ 193
第三节　加强乡村人才队伍建设的政策建议与未来展望　/ 200

参考文献　/ 210

第一章 青年"乡村CEO"赋能浙江农业农村现代化的理论基础

第一节 青年"乡村CEO"的概念界定与角色分析

一、青年"乡村CEO"的概念界定

(一) 定义与来源

1. 定义

青年"乡村CEO"作为乡村振兴战略背景下的新兴职业群体,其实质是对农业经理人的形象化称呼,特指在农民专业合作社等农业经济合作组织中,从事农业生产组织、设备作业、技术支持、产品加工与销售等管理服务的人员。这一职业概念自2019年由人力资源和社会保障部等部委发布以来,逐渐在乡村地区兴起,并受到政府和社会各界的广泛关注与支持。青年"乡村CEO"不仅具备丰富的农业知识和管理经验,还能够结合乡村本地资源情况,策划运营特色项目,发展特色产业,以吸引外界流量,实现乡村的富裕兴旺。

青年"乡村CEO"是乡村振兴战略的重要实践者,是连接乡村与城市、传统与现代的重要桥梁,不仅是乡村经济的推动者,更是乡村社会、乡村文化和乡村创新的引领者。这一职业群体的出现,标志着我国乡村治理体系和

治理能力现代化的重要进步，也反映了我国乡村经济社会发展对高素质、专业化人才的迫切需求。

2. 来源与发展

青年"乡村CEO"这一职业概念的形成，源于我国乡村振兴战略的深入实施和农业现代化进程的加速推进。长期以来，由于城乡二元结构的影响，我国乡村地区在经济发展、社会建设、文化传承等方面相对滞后，乡村人才短缺问题尤为突出。为了破解这一难题，各级政府和社会各界纷纷探索乡村经济社会转型的具体路径，而青年"乡村CEO"的引入和培养，正是其中的重要举措之一。

从政策层面来看，青年"乡村CEO"的产生得到了政府的大力支持和引导。例如，昆明市与中国农业大学合作共建昆明市都市驱动型乡村振兴创新实验区，把培育乡村经营管理人才作为一项重要的实验内容提出，并在全国首次开展"乡村CEO"招聘、培育、使用等创新实践工作，这一举措不仅为解决乡村人才短缺问题提供了先行示范，也得到了全国推广和认可。

此外，青年"乡村CEO"的产生还与社会经济的发展密切相关，随着城市化、工业化进程的加速推进，大量农村青壮劳动力持续流出，导致农村破败衰亡。为了破解这一难题，引导人才回流乡村成为必然选择。而青年"乡村CEO"作为具备现代管理技能的高素质人才，正是乡村地区迫切需要的"新鲜血液"。他们的引入和培养，不仅为乡村地区注入了新的发展活力，也为乡村振兴战略的实施提供了有力的人才保障。

（二）主要职能

1. 策划与运营

策划与运营是青年"乡村CEO"的首要职能，也是其区别于传统乡村管理者的重要标志。在乡村振兴战略背景下，乡村发展不再仅仅局限于农业生产，而是涵盖了农业、林业、牧业、渔业、工业、商业、旅游业等多个领域，形成了一个复杂的产业体系。因此，青年"乡村CEO"需要具备高度的战略眼光和市场敏锐度，能够准确把握市场动态和消费需求，为乡村发展制定科学合理的策划方案。

在策划方面，青年"乡村CEO"需要深入了解乡村的自然资源、人文景观、历史文化等特色元素，结合市场需求和消费者偏好，彰显乡村的独特魅力和挖掘其发展潜力。他们需要对乡村的产业布局、空间规划、品牌建设等进行全面考虑，制定出具有前瞻性和可操作性的发展规划。同时，青年"乡村CEO"还需要关注政策动态和行业动态，及时调整策划方案，确保乡村发展始终走在正确的道路上。

在运营方面，青年"乡村CEO"需要负责将策划方案转化为具体的行动计划，并组织实施。他们需要协调各方资源，确保项目的顺利进行；需要监督项目执行过程，确保质量和进度；还需要关注项目运营效果，及时调整运营策略。通过有效的运营，青年"乡村CEO"能够将乡村的潜在优势转化为实际的经济效益和社会效益，推动乡村经济的持续健康发展。

2. 资源整合

资源整合是青年"乡村CEO"的另一项重要职能，乡村地区往往资源匮乏，信息闭塞，难以凭借自身力量实现快速发展。因此，青年"乡村CEO"需要充分发挥其桥梁和纽带作用，整合乡村内外的各种资源，为乡村发展提供有力支持。

在资源整合方面，青年"乡村CEO"需要具备广泛的人脉关系和良好的沟通协调能力。他们需要与政府部门、企事业单位、社会组织等建立紧密联系，争取政策支持和资金援助；需要与科研机构、高校等合作，引进新技术和新品种，提高农业生产效率和产品质量；还需要与旅游机构、电商平台等合作，拓宽农产品销售渠道，提高乡村知名度。通过资源整合，青年"乡村CEO"能够为乡村发展注入新的活力和动力，推动乡村经济的多元化发展。同时，青年"乡村CEO"还需要注重乡村内部资源的整合，需要深入了解乡村的人力资源、土地资源、水资源等基本情况，合理规划资源利用方式，提高资源利用效率。通过整合内部资源，青年"乡村CEO"能够充分挖掘乡村的潜在优势，展现乡村的特色魅力，推动乡村经济的可持续发展。

3. 产业培育

产业培育是青年"乡村CEO"的核心职能之一，乡村振兴的关键在于产业振兴，只有发展起具有竞争力的特色产业，才能实现乡村经济的持续健康发展。因此，青年"乡村CEO"需要根据乡村的实际情况和市场需求，培育和发展具有地方特色的优势产业。

在产业培育方面，青年"乡村CEO"需要具备深厚的农业知识和敏锐的市场洞察力。他们需要深入了解乡村的产业结构、产品特点、市场需求等情况，制定出符合乡村实际的产业发展规划。同时，青年"乡村CEO"还需要关注行业动态和技术发展趋势，引进新技术和新品种，提高农产品的附加值和市场竞争力。

除传统的农业产业外，青年"乡村CEO"还需要积极拓展乡村的新业态和新模式。他们可以结合乡村的自然资源和人文景观，发展乡村旅游、休闲农业等新兴产业；可以利用电商平台和物流网络，发展农村电商、农产品直销等新型销售模式。通过产业培育和创新发展，青年"乡村CEO"能够推动乡村产业的转型升级和多元化发展。

4. 团队管理

团队管理是青年"乡村CEO"不可或缺的一项职能。在乡村发展过程中，需要组建一支高素质、专业化的运营团队来共同推动各项工作的顺利进行。因此，青年"乡村CEO"需要具备良好的团队管理能力和领导能力，能够组建和管理一支高效的运营团队。

在团队管理方面，青年"乡村CEO"需要注重团队成员的选拔和培养。他们需要根据乡村发展的实际需求和岗位要求，选拔具有相关专业知识和实践经验的人才加入团队；同时，还需要注重团队成员的培训和发展，提高他们的专业素养和综合能力。通过选拔和培养，青年"乡村CEO"能够组建一支高素质、专业化的运营团队，为乡村发展提供有力的人才保障。

（三）职业特点

1. 专业性

专业性是青年"乡村CEO"最为显著的职业特点之一，这一特点体现在

第一章　青年"乡村 CEO"赋能浙江农业农村现代化的理论基础

其深厚的专业知识、丰富的管理经验和精准的市场洞察力上。青年"乡村 CEO"需要具备扎实的农业基础知识，对农业生产、加工、销售等环节有深入的了解和把握，这要求他们不仅要熟悉传统的农业生产方式，还要关注现代农业的发展趋势和技术革新，如精准农业、智能农业等。同时，他们还需要掌握市场营销、财务管理、人力资源管理等管理知识，以便在乡村经营管理中能够科学决策、高效执行。

青年"乡村 CEO"的管理经验也是其专业性的重要体现。他们通常具备在农业企业、合作社或政府机构等相关领域的工作经验，这些经验使他们能够迅速适应乡村经营管理的复杂环境，有效协调各方资源，解决各种实际问题。此外，他们还需要具备敏锐的市场洞察力，能够准确把握市场需求和消费者偏好，为乡村产业的发展提供精准的市场定位和产品策略。青年"乡村 CEO"的专业性不仅体现在其个人素质上，还体现在其团队建设和组织管理能力上。他们需要组建一支高素质、专业化的运营团队，通过科学合理的分工和协作，实现团队效能的最大化。同时，他们还需要注重团队文化的建设和激励机制的完善，激发团队成员的积极性和创造力，为乡村发展注入新的活力。

2. 创新性

在乡村振兴战略下，乡村发展需要不断创新思路和方法，以应对日益复杂的市场环境和不断变化的消费者需求。青年"乡村 CEO"作为新型职业角色，创新性体现在多个方面。

第一，青年"乡村 CEO"在产业培育和发展上具有创新性。他们不拘泥于传统的农业生产方式，而是积极探索新的产业模式和业态，如乡村旅游、休闲农业、农村电商等。通过引入新的产业元素和商业模式，青年"乡村 CEO"能够推动乡村产业的转型升级，提高农产品的附加值和市场竞争力。

第二，青年"乡村 CEO"在资源整合和利用上也具有创新性。他们善于运用现代信息技术和平台，如大数据分析、云计算、物联网等，实现乡村资源的优化配置和高效利用。同时，他们还能够通过跨界合作和资源整合，打破传统的行业壁垒和地域限制，为乡村发展引入更多的外部资源和支持。

第三，青年"乡村CEO"在管理和服务模式上也具有创新性。他们注重"以人为本"的管理理念，关注团队成员的成长和发展，通过建立科学合理的激励机制和评价体系，激发团队成员的积极性和创造力。同时，他们还注重服务模式的创新，通过提供个性化、定制化的服务，满足消费者的多元化需求，提升乡村品牌的知名度和美誉度。

3. 实践性

实践性是青年"乡村CEO"职业特点的又一重要特征，这一特点体现在其深入乡村实际、注重实践探索的工作作风上。青年"乡村CEO"不仅需要具备扎实的专业知识和丰富的管理经验，还需要深入乡村实际，了解乡村发展的实际情况和需求。

第一，青年"乡村CEO"需要深入田间地头，与农民群众建立紧密联系，了解他们的生产和生活状况。通过实地调研和走访交流，他们能够更准确地把握乡村发展的实际情况和需求，为乡村产业的发展提供有针对性的建议和方案。

第二，青年"乡村CEO"需要注重实践探索，不断总结经验教训，优化管理策略。在乡村经营管理中，他们会遇到各种实际问题和挑战，如市场需求变化、自然灾害影响等。面对这些问题和挑战，青年"乡村CEO"需要保持冷静和理性，通过实践探索和经验总结，不断优化管理策略和方法，提高应对各种复杂情况的能力。

第三，青年"乡村CEO"还需要注重实践成果的转化和应用。他们需要将所学的专业知识和管理经验转化为实际的生产力，通过推动乡村产业的发展和升级，为乡村经济注入新的活力。同时，他们还需要关注实践成果的推广和复制，通过分享经验和成功案例，为其他乡村地区提供可借鉴的发展模式和路径。

二、青年"乡村CEO"的角色分析

（一）经济推动者

青年"乡村CEO"作为乡村经济发展的核心驱动力，在促进乡村产业升级、拓宽农民增收渠道以及推动乡村经济可持续发展方面发挥着至关重要的作用。

青年"乡村CEO"凭借敏锐的市场洞察力和前瞻性的战略眼光，能够准确把握市场动态和消费需求变化，引导乡村产业向高端化、特色化、品牌化方向发展。他们通过引入现代农业技术和管理理念，提升农产品的附加值和市场竞争力，从而推动乡村传统产业转型升级。例如，一些青年"乡村CEO"利用电商平台，将乡村的特色农产品销往全国各地，甚至走出国门，实现了农产品的跨地域销售，极大地拓宽了农民的收入来源。

青年"乡村CEO"注重挖掘乡村资源的潜在价值，通过发展乡村旅游、休闲农业等新兴产业，为乡村经济注入了新的增长点。他们充分利用乡村的自然风光、民俗文化等独特资源，打造具有乡村特色的旅游品牌，吸引城市居民前来体验乡村生活，从而带动了乡村餐饮、住宿、交通等相关产业的发展，为农民提供了更多的就业机会和收入来源。青年"乡村CEO"还注重推动乡村经济的可持续发展，他们秉持绿色发展理念，注重生态环境保护和资源节约利用，通过发展绿色农业、循环经济等模式，实现了乡村经济与环境的协调发展，他们还积极倡导乡村居民参与环保行动，提高乡村居民的环保意识和参与度，为乡村经济的可持续发展奠定了坚实基础。

（二）社会协调者

青年"乡村CEO"在乡村社会治理中扮演着重要角色，他们不仅是政府政策的传达者和执行者，更是乡村社会矛盾的调解者和乡村秩序的维护者。

作为政府政策的传达者和执行者，青年"乡村CEO"能够准确理解和把握政府政策的精神实质，将其转化为具体可行的实施方案，并在乡村中进行有效推广。他们通过组织培训、召开会议等方式，向乡村居民普及政策知识，提高乡村居民的政策认知度和参与度，他们还积极协调政府各部门之间的资源分配和合作，确保政策在乡村得到全面落实。

作为乡村社会矛盾的调解者，青年"乡村CEO"凭借自身的威望和公信力，能够有效化解乡村中的各种矛盾纠纷。他们深入了解矛盾双方的诉求和利益关切点，通过耐心倾听、沟通交流等方式，寻求双方都能接受的解决方案。在调解过程中，他们注重维护双方的尊严和利益，做到公正公平、不偏不倚，赢得了乡村居民的信任和尊重。

作为乡村秩序的维护者，青年"乡村CEO"注重加强乡村法治建设和道德建设，提高乡村居民的法律意识和道德水平。他们通过组织法制宣传活动、开展道德教育等方式，引导乡村居民自觉遵守法律法规和道德规范，维护乡村的良好秩序和风气。同时，他们还积极协助政府部门打击违法犯罪行为，维护乡村的社会稳定和治安秩序。

（三）文化传承者

作为乡村文化的守护者，青年"乡村CEO"深知乡村文化的重要性和独特性，他们致力于保护和传承乡村的传统文化和民俗风情。他们通过组织文化节庆活动、开展非物质文化遗产保护项目等方式，让乡村文化得以延续和发扬。同时，他们还积极收集、整理和记录乡村的历史沿革、传说故事、民俗习惯等文化资料，为乡村文化的传承留下了宝贵的文字和图像记录。

作为乡村文化的传播者，青年"乡村CEO"注重将乡村文化推向更广阔的舞台。他们利用现代传媒手段，如互联网、社交媒体等，将乡村文化的魅力展示给更多人看。通过拍摄乡村风光视频，撰写乡村故事、文章等方式，他们让更多人了解乡村文化的独特魅力和价值。同时，他们还积极组织文化交流活动，邀请城市居民到乡村体验传统文化，增进城乡之间的文化交流和融合。

作为乡村文化的创新者，青年"乡村CEO"在传承的基础上进行创新和发展。他们将现代元素融入传统乡村文化中，创造出具有时代特色的新文化形式。例如，一些青年"乡村CEO"将传统手工艺与现代设计理念相结合，开发出具有市场竞争力的文化创意产品；还有一些青年"乡村CEO"将传统音乐、舞蹈等艺术形式与现代表演技术相结合，打造出具有独特魅力的乡村文化演艺项目。这些创新举措不仅丰富了乡村文化的内涵和形式，也提升了乡村文化的吸引力和影响力。

（四）创新引领者

青年"乡村CEO"作为乡村创新的主体和先锋，他们在科技创新、模式创新和制度创新等方面发挥着引领作用，为乡村发展注入了新的动力和活力。

在科技创新方面，青年"乡村CEO"积极引进和推广现代农业技术、智能装备等创新成果，提高农业生产效率和产品质量。他们与高校、科研机构等建立合作关系，共同开展农业科技创新项目，推动科技成果在乡村的转化和应用。例如，一些青年"乡村CEO"引入智能灌溉系统、无人机植保等现代农业技术，实现了农业生产的精准化和智能化管理；还有一些青年"乡村CEO"利用大数据技术，对农业生产过程进行监测和分析，为农民提供科学化的种植建议和管理方案。

在模式创新方面，青年"乡村CEO"注重探索适合乡村发展的新模式和新路径。他们结合乡村的实际情况和资源禀赋，创新性地提出并实践了多种发展模式，如乡村旅游模式、田园综合体模式、农村电商模式等。这些新模式的出现，不仅拓宽了乡村产业的发展空间，也提高了乡村产业的附加值和市场竞争力。同时，他们还注重推动乡村产业融合发展，将农业、文化业、旅游业等多个产业有机结合起来，形成产业联动发展的新格局。

在制度创新方面，青年"乡村CEO"积极参与乡村治理体系的改革和完善工作。他们针对乡村治理中存在的问题和不足，提出建设性的意见和建议，推动乡村治理体系的创新和发展。例如，一些青年"乡村CEO"倡导建立乡村自治组织，发挥乡村居民在治理中的主体作用；还有一些青年"乡村CEO"推动建立乡村信用体系，提高乡村居民的诚信意识和信用水平。这些制度创新的举措，为乡村治理体系的完善和发展提供了有力支撑。

第二节 青年"乡村 CEO"与乡村振兴战略的深度融合

一、政策制定与支持体系构建

（一）政策制定与执行

政策制定是构建青年"乡村 CEO"与乡村振兴战略深度融合的基础，政策制定需要明确青年"乡村 CEO"的定位与职责。青年"乡村 CEO"不仅是乡村经济活动的组织者和管理者，更是乡村振兴战略的实践者和推动者。因此，政策制定应围绕这一核心定位，明确其在乡村产业发展、社会治理、文化传承等方面的具体职责和权限。政策制定应注重青年"乡村 CEO"的选拔与培养。在选拔方面，应建立公开、公平、公正的选拔机制，确保优秀人才能够脱颖而出。在培养方面，应制订系统化的培养计划，包括专业知识培训、实践能力提升、国际视野拓展等多个方面，全面提升青年"乡村 CEO"的综合素质和业务能力。

在政策执行层面，需要建立有效的监督机制和评估体系，监督机制应确保政策在执行过程中不出现偏差和漏洞，保障政策的顺利实施。评估体系则用于对政策执行效果进行定期评估，及时发现问题并进行调整和优化。同时，还应加强政策宣传和推广力度，提高政策的社会认知度和影响力，为青年"乡村 CEO"的选拔与培养营造良好的社会氛围。

（二）支持体系构建与完善

支持体系的构建与完善是青年"乡村 CEO"与乡村振兴战略深度融合的重要保障。

第一，应建立多元化的资金支持体系。政府应加大对乡村振兴战略的财政投入力度，设立专项基金用于支持青年"乡村 CEO"的选拔与培养、乡村产业发展和基础设施建设等方面。同时，还应引导社会资本参与乡村振兴，通过政府与社会资本合作（PPP）模式、产业投资基金等多种方式，拓宽资金来源渠道，为青年"乡村CEO"提供更多的资金支持。

第二，应建立完善的服务支持体系。服务支持体系包括信息咨询、技术支持、市场拓展等多个方面。政府应建立乡村振兴信息服务平台，为青年"乡村CEO"提供及时、准确的信息咨询服务，还应加强与高校、科研机构等单位的合作，为青年"乡村CEO"提供技术支持和智力支持。在市场拓展方面，政府应组织青年"乡村CEO"参加各类展览会、洽谈会等活动，帮助他们拓宽市场渠道，提高产品知名度和影响力。

第三，还应建立有效的激励机制和采取保障措施。在激励机制方面，政府应设立奖励基金，对在乡村振兴中做出突出贡献的青年"乡村CEO"给予表彰和奖励。同时，还应建立职称评审、职务晋升等激励机制，激发青年"乡村CEO"的工作积极性和创造性。在保障措施方面，政府应完善青年"乡村CEO"的社会保障制度，包括养老保险、医疗保险、失业保险等，为他们提供稳定的生活保障。同时，还应加强乡村基础设施建设，改善青年"乡村CEO"的工作和生活环境，提高他们的工作满意度和归属感。

第四，在支持体系构建与完善的过程中，还需注重政策的连贯性和可持续性。政策的连贯性意味着各项政策之间应相互衔接、相互支撑，形成一个完整的政策体系。政策的可持续性则要求政策制定应充分考虑乡村经济社会发展的长远需求，确保政策能够长期有效地发挥作用。为此，政府应建立政策反馈机制，及时收集青年"乡村CEO"和乡村居民的意见和建议，对政策进行动态调整和优化。

二、人才引进与培养机制创新

（一）人才引进策略与措施

人才引进是青年"乡村CEO"队伍建设的首要环节。为了吸引更多优秀青年人才投身乡村振兴事业，必须制定科学有效的人才引进策略，并采取相应的措施加以实施，要明确人才引进的目标和方向，乡村振兴需要的是具有现代管理理念、市场运营能力和创新创业精神的青年人才。因此，在制定人才引进策略时，应明确这些核心要求，确保引进的人才能够符合乡村振兴的实际需求。

除传统的招聘方式外，还可以积极探索与高校、职业院校的合作，通过校企合作、实习实训等方式，提前锁定并培养潜在的青年"乡村CEO"，还可以利用社交媒体、人才交流平台等新媒体渠道，发布招聘信息，扩大人才引进的覆盖面。在薪酬福利、职业发展、生活环境等方面，要为青年人才提供优厚的待遇和条件。例如，可以设立专项人才基金，为青年"乡村CEO"提供启动资金、项目扶持等；可以建立职称评审绿色通道，为他们在职业发展上提供更多机会；可以改善乡村基础设施和公共服务设施，提高他们的生活质量。此外，还要注重人才引进的后续跟踪和服务，对于引进的青年"乡村CEO"，要建立完善的管理和服务体系，定期与他们进行沟通交流，了解他们的工作和生活情况，及时解决他们遇到的问题和困难。同时，还要加强对他们的培训和教育，提高他们的综合素质和业务能力，使他们能够更好地适应乡村振兴的工作要求。

（二）培养机制创新与实践

人才引进只是青年"乡村CEO"队伍建设的第一步，更重要的是如何对他们进行有效的培养和管理。为了实现培养机制的创新与实践，必须从以下几个方面入手。

第一，要建立系统化的培训体系。针对青年"乡村CEO"的不同需求和特点，制订个性化的培训计划。培训内容应涵盖乡村经济管理、社会治理、文化传承等多个方面，注重理论与实践相结合，提高他们的综合素质和业务能力。同时，还要加强与高校、科研机构的合作，邀请专家学者为青年"乡村CEO"授课，拓宽他们的视野和思路。

第二，要实施导师制度。为每位青年"乡村CEO"配备一名经验丰富的导师，对他们进行一对一的指导和辅导。导师可以是成功的乡村企业家、资深的乡村管理干部或相关领域的专家学者。通过导师的"传帮带"，青年"乡

第一章　青年"乡村CEO"赋能浙江农业农村现代化的理论基础

村CEO"可以更快地适应乡村工作环境,掌握工作方法和技巧,提高工作效率和质量。

第三,要注重实践锻炼。实践是检验真理的唯一标准,也是培养青年"乡村CEO"的重要途径。应鼓励他们积极参与乡村的各项工作和活动,如乡村规划、产业发展、社会治理等,通过实践锻炼提高他们的实际工作能力和创新能力。同时,还可以组织他们到先进的乡村地区考察学习,借鉴他人的成功经验和做法,拓宽他们的思路和视野。

第四,还要建立完善的激励机制。激励机制是激发青年"乡村CEO"工作积极性和创造性的重要手段。应建立职称评审和职务晋升制度,为他们在职业发展上提供更多机会和空间;应加强对他们的宣传和推广,提高他们的社会知名度和影响力。

三、资源整合与优化配置

(一) 乡村资源盘点与评估

1. 资源盘点

乡村资源种类繁多,包括自然资源、人文资源、经济资源、社会资源等。青年"乡村CEO"需要组织专业团队,运用现代科技手段,对乡村的土地、水域、森林、矿产等自然资源和文化、历史、民俗等人文资源进行全面摸底。同时,还要对乡村的经济状况、人口结构、教育水平、医疗卫生等社会资源进行详细调查。通过资源盘点,可以清晰地了解乡村资源的总量、分布、质量和开发利用状况,为后续的评估与整合奠定基础。

2. 资源评估

资源评估是对乡村资源价值进行科学判断的过程。青年"乡村CEO"需要组织专业团队,运用科学的方法和手段,对乡村资源进行评估。评估内容应包括资源的经济价值、社会价值、生态价值等。例如,对于土地资源,可以评估其农业生产潜力、建设用地潜力、生态服务功能等;对于人文资源,可以评估其历史价值、文化价值、旅游价值等。通过资源评估,可以明确乡村资源的优势和劣势，为后续的整合与优化配置提供决策依据。

（二）资源整合策略与措施

1. 制定整合规划

青年"乡村CEO"需要组织专业团队，根据乡村资源的盘点与评估结果，制定科学合理的整合规划。整合规划应明确整合的目标、原则、重点、步骤和措施，确保整合工作的有序进行。例如，可以制定以农业为主导的产业发展规划，将土地、水、劳动力等资源有效整合起来，形成产业链；可以制定以文化旅游为主导的产业发展规划，将人文资源、自然资源等整合起来，形成文化旅游产业群。

2. 创新整合模式

青年"乡村CEO"需要积极探索和创新资源整合模式，提高资源整合的效率和效益。可以运用现代科技手段，如互联网、大数据、云计算等，实现资源的精准对接和高效配置。例如，可以建立乡村资源交易平台，将乡村的各类资源信息发布到平台上，吸引社会资本和人才参与乡村资源的整合与利用；可以运用大数据分析技术，对乡村资源的需求和供给进行精准预测，为资源整合提供科学依据。

3. 强化政策引导

政策引导是资源整合的重要保障。青年"乡村CEO"需要积极争取政府的政策支持，为资源整合提供有力保障。可以争取政府的财政补贴、税收优惠、土地政策等支持，降低资源整合的成本和风险；可以争取政府的产业政策和区域政策等支持，引导社会资本和人才向乡村流动，推动乡村资源的整合与利用。

4. 推动多方合作

多方合作是资源整合的重要途径。青年"乡村CEO"需要积极与政府部门、企业、社会组织等多方主体开展合作，共同推动乡村资源的整合与利用。可以与政府部门合作，争取政府的政策支持和项目扶持；可以与企业合作，引入企业的资金、技术和管理经验；可以与社会组织合作，发挥社会组织的桥梁和纽带作用，动员社会各界力量参与乡村资源的整合与利用。

（三）资源配置优化与利用

1. 优化产业结构

产业结构优化是资源配置优化的重要内容。青年"乡村CEO"需要根据乡村资源的特点和优势，科学合理地调整和优化产业结构。可以发展现代农业、乡村旅游、农村电商等新兴产业，提高乡村产业的附加值和市场竞争力；可以改造传统产业，提升传统产业的科技含量和附加值；可以培育新兴产业，形成新的经济增长点。通过产业结构的优化升级，实现乡村资源的高效、合理利用。

2. 提升资源利用效率

资源利用效率的提升是资源配置优化的关键。青年"乡村CEO"需要运用现代科技手段和管理方法，提高乡村资源的利用效率。可以运用先进的农业技术和管理方法，提高农业生产效率和产品质量；可以运用现代科技手段和管理方法，提高乡村旅游资源的开发利用效率和游客满意度；可以运用现代科技手段和管理方法，提高乡村基础设施和公共服务的利用效率。通过资源利用效率的提升，实现乡村资源的高效、合理利用。

3. 促进资源循环利用

资源循环利用是资源配置优化的重要方向。青年"乡村CEO"需要积极推广和应用资源循环利用技术和方法，实现乡村资源的循环利用。可以推广和应用农业废弃物资源化利用技术和方法，将农业废弃物转化为有机肥料、生物质能源等资源；可以推广和应用乡村旅游资源的循环利用技术和方法，实现乡村旅游资源的可持续利用；可以推广和应用乡村基础设施和公共服务的循环利用技术和方法，延长乡村基础设施和公共服务的使用寿命。通过资源循环利用的实现，实现乡村资源的高效、合理利用。

4. 推动区域协同发展

区域协同发展是资源配置优化的重要途径。青年"乡村CEO"需要积极推动乡村与周边地区的协同发展，实现资源的共享和优势互补。可以加强与周边地区的产业合作，共同打造产业链和产业集群；可以加强与周边地区的交通、通信等基础设施的互联互通，提高区域交通和通信的便捷性；可以加强与周边地区的社会事业合作，共同推动教育、医疗、文化等社会事业的发展。通过区域协同发展的推动，实现乡村资源的高效、合理利用。

5. **建立资源管理机制**

资源管理机制的建立是资源配置优化的保障。青年"乡村CEO"需要建立健全乡村资源管理机制，确保乡村资源的合理、有序利用。可以建立健全乡村资源管理制度，明确乡村资源的所有权、使用权和管理权；可以建立健全乡村资源监管机制，加强对乡村资源开发利用的监管和管理；可以建立健全乡村资源补偿机制，对乡村资源的开发利用进行合理补偿。通过建立资源管理机制，确保乡村资源的合理、有序利用。

四、产业融合与升级发展

（一）乡村产业现状分析

许多乡村地区的产业结构仍较为单一，主要以农业为主，且农业内部结构也不尽合理，这种单一的产业结构限制了乡村经济的多元化发展，也影响了乡村经济的抗风险能力。青年"乡村CEO"需要认识到，单一的农业结构已难以满足当前市场需求的变化，必须通过产业融合引入新的产业元素，实现产业结构的多元化。乡村地区的产业链普遍较短，缺乏深加工、销售、服务等环节的有效衔接。这导致农产品附加值低，农民收入增长缓慢。青年"乡村CEO"需要关注产业链的延伸和完善，通过引入新技术、新模式，实现农产品从生产到销售的全程控制，提高农产品的附加值和市场竞争力。随着城市化进程的加速，乡村地区的人才流失问题日益严重，青年人才的流失导致乡村产业发展缺乏新鲜血液和创新动力。青年"乡村CEO"需要认识到，人才是推动乡村产业发展的关键要素，必须采取有效措施吸引和留住青年人才，为乡村产业融合与升级发展提供有力的人才保障。

（二）产业融合路径与模式

产业融合是乡村产业升级发展的重要途径。青年"乡村 CEO"需要积极探索和实践适合乡村地区的产业融合路径与模式，推动乡村产业的融合与升级发展。农业与加工业的融合是实现农产品附加值提升的重要途径。青年"乡村 CEO"可以通过引进和培育农产品加工企业，延长农业产业链，提高农产品的附加值，还可以推动农业与食品加工业、纺织业等相关产业的融合，形成多元化的产业格局。农业与旅游业的融合是近年来乡村产业发展的新趋势。青年"乡村 CEO"可以利用乡村地区的自然风光、民俗文化和农事活动等资源，开发乡村旅游项目，吸引城市居民前来休闲度假。通过农业与旅游业的融合，不仅可以促进乡村经济的发展，还可以推动乡村文化的传承和创新。

农业与服务业的融合是提升农业服务水平、满足市场需求的重要途径。青年"乡村 CEO"可以推动农业与金融、保险、物流等服务业的融合，为农民提供全方位的农业服务。例如，可以发展农业金融服务，为农民提供信贷支持；可以发展农业保险服务，降低农业生产风险；可以发展农业物流服务，提高农产品的流通效率。农业与科技的融合是推动农业现代化的关键。青年"乡村 CEO"需要重视科技创新在农业发展中的作用，积极引进和培育农业科技创新人才，推动科技成果在农业领域的转化和应用。例如，可以发展智慧农业，运用物联网、大数据等现代信息技术手段，实现农业生产的智能化、精准化；可以发展生态农业，推广绿色、有机、可持续的农业生产方式。

（三）产业升级策略与措施

青年"乡村 CEO"需要根据乡村地区的实际情况和市场需求，明确产业升级的方向和重点。例如，可以根据乡村地区的资源禀赋和区位优势，选择发展特色农业、乡村旅游、农村电商等新兴产业；可以根据市场需求的变化，调整和优化农业产业结构，提高农产品的附加值和市场竞争力。政策引导和支持是推动产业升级的重要保障。青年"乡村 CEO"需要积极争取政府的政策支持和资金扶持,为产业升级提供有力保障。例如,可以争取政府的财政补贴、税收优惠、土地政策等支持。

科技创新和成果转化是推动产业升级的关键力量。青年"乡村CEO"需要重视科技创新在乡村产业发展中的作用,积极引进和培育农业科技创新人才,推动科技成果在乡村地区的转化和应用。例如,可以建立农业科技研发中心,加强与高校、科研机构的合作,推动农业科技创新和成果转化;可以发展农业科技企业孵化器,为农业科技企业提供创业孵化和成长支持。基础设施和公共服务是乡村产业升级发展的重要支撑。青年"乡村CEO"需要重视基础设施和公共服务的建设和完善,为乡村产业的融合与升级发展提供有力保障。例如,可以加强乡村地区的交通、通信、水利等基础设施建设,提高乡村地区的交通便捷性和信息通达性;可以加强乡村地区的教育、医疗、文化等公共服务设施建设,提高乡村地区的公共服务水平。

第三节 现代农业经营与管理理论:青年"乡村CEO"的实践指南

一、现代农业经营与管理条件利用

(一)农业经营管理中的土地条件

1. 农业生产用地的种类与利用方式

农业生产用地是直接和间接用于农业生产的土地,种类与利用方式对于农业生产的效率与可持续性具有至关重要的影响。农业生产用地主要包括以下几类。

第一,种植业用地即耕地,是农业生产的核心用地类型,包括水田、水浇地和旱地等。耕地是农作物生长的基础,利用方式直接影响到农作物的产量和质量。在现代化农业中,耕地的利用方式逐渐从传统的粗放式向集约化、精细化转变,通过科学规划、合理轮作、精准施肥等措施,提高耕地的利用

第一章 青年"乡村CEO"赋能浙江农业农村现代化的理论基础

效率和产出效益。

第二,林业用地也是农业生产用地的重要组成部分,包括果园、苗圃、用材林、水土保持林和防护林带等用地。林业用地的利用方式不仅关系到木材和林产品的生产,还对生态环境的保护具有重要作用。通过科学合理的林业经营,可以实现经济效益、社会效益和生态效益的协调统一。

第三,牧业用地和水产养殖业用地也是农业生产用地的重要组成部分。牧业用地包括天然和人工割草地以及放牧地等,是畜牧业发展的基础。水产养殖业用地则包括水库、池塘、湖泊等占地,是水产品生产的重要场所。这些用地的利用方式需要充分考虑其生态特性和生产需求,实现资源的可持续利用。

第四,除直接农业生产用地外,间接农业生产用地如渠道和道路用地、农村居民点、晒谷场、仓库、电力排灌站等也是农业生产不可或缺的部分。这些用地的合理规划和利用,可以提高农业生产的便利性和效率。

2. 提高土地资源利用效果的方式

提高土地资源利用效果是现代农业经营与管理的重要目标之一。为实现这一目标,可以进行科学合理的土地规划。土地规划是土地资源利用的前提和基础,通过全面调研和分析,明确不同区域的功能定位和发展方向,制定科学且长远的土地利用规划。在规划过程中,需要充分考虑土地的地理位置、土壤质量、周边环境等多方面因素,确保土地利用的合理性和可持续性。土地整治和复垦是提高土地资源利用效果的重要手段之一。通过对低效利用、废弃的土地进行整治和复垦,可以增加可利用土地面积,提高土地质量,为农业生产提供更多的土地资源。加强土地整治和复垦还有助于改善生态环境,促进农业的可持续发展。

推广集约用地模式是提高土地资源利用效果的重要途径。集约用地模式通过提高建筑容积率、发展多层建筑和地下空间等方式,实现土地的垂直和立体利用,从而提高土地利用效率。在农业领域,可以通过推广高效农业技术、优化农田布局、提高机械化水平等措施,实现土地的集约利用。加强土地监管和流转管理也是提高土地资源利用效果的重要措施。通过建立健全土地使用监督机制，对闲置土地和低效利用土地进行清查和处理，督促土地使用者按照规定用途和期限进行开发利用。同时，鼓励农民依法合规流转土地，通过土地流转市场实现土地资源的优化配置和高效利用。

此外，提高农业经营者素质是提高土地资源利用效果的关键因素之一，农业经营者需要具备科学文化素质、掌握现代农业生产技能、具备一定经营管理能力。只有具备这些素质的经营者，才能更好地利用土地资源，提高农业生产效率和产出效益。推动农业技术创新也是提高土地资源利用效果的重要途径，通过引进和推广现代化的种植、养殖技术，采用新型建筑材料和施工方法等措施，可以提高农田产量和土地利用效率。

（二）农业经营与管理的资金条件

1. 农业资金的概述与来源

农业资金是指在农业发展过程中社会各界为促进农业发展、完善农业产业结构而投入社会的资本金。广义的农业资金包括国家、个人或社会其他部门投入农业领域的各种货币资金、实物资本和无形资产和在农业生产经营过程中形成的各种流动资产、固定资产和其他资产的总和。狭义的农业资金则仅指社会各投资主体投入农业的各种货币资金。农业资金具有流动性、多功能性和收益性等一般资金的特征，同时由于其特殊性，如低收益性、外部性和政策性，使得农业资金的管理和运用显得尤为重要。

农业资金的来源多样，主要包括以下几个方面。

第一，政府资金。政府资金是农业资金的主要来源之一。政府通过出台政策来扶持和促进农业发展，如农业专项资金、农业改革资金、农村基础设施建设资金、农业向现代化项目资金等。这些资金的使用一般是无偿的，直接由政府财政预算并拨付。

第二，金融机构资金。金融机构资金是农业资金的另一重要来源。金融机构会发放一系列优惠贷款，使农民能够购买生产技术、购买必要的资源设备，实现农业资金的有效运用。农业信贷资金是金融机构或个人给农业生产者融资所形成的各种农业贷款，其使用一般是有偿的，到期要偿还本金并支付一定的利息。

第三，社会资金。社会资金也是农业资金的重要组成部分。社会会把一定的资金投入各种农业发展项目中，以促进农业发展。这部分资金可能来源于企业、社会组织或个人的捐赠、投资等。

第四，国外农业资金。随着经济开放和资本的国际流动，来自国外的资本成为农业资金的一个新来源。国外农业资金可能来源于国际经济组织的资金，如联合国、世界银行等；也可能来源于政府间的援助或农业投资项目；还可能是国外的金融机构、公司或个人进行的农业投资。

2. 农业信贷资金的申办与管理

（1）申办条件与流程

一般来说，申办农业信贷资金需要满足一定的条件，如项目主体应在本市注册登记并合规运营，能独立核算、自负盈亏，且近三年内无不良征信记录；应具有一定的经营规模和持续经营管理能力；财务管理规范，净资产原则上不低于项目财政补助申请额的50%等。此外，不同地区的具体申办条件可能有所不同，如荆门市规定农业信贷担保范围内的项目主体需注册在该市，有贷款意愿、创业潜质、劳动技能，并具备一定还款能力，经营项目符合当地农村经济发展产业规划及政策，具有示范带头作用，且征信记录良好。

农业信贷资金的申办流程如图1-1所示，一般包括项目主体向相关部门提交贷款申请，相关部门对申请进行审核和评估，审核通过后协调承贷银行办理贷款业务等。以荆门市为例，具体流程包括县（市、区）农业农村部门收到项目主体担保贷款申请后5个工作日内采取推荐函的形式向市农业农村局申报；市农业农村局对符合农业信贷担保支持的项目在3个工作日内向市融资担保集团出具推荐函；市融资担保集团在5个工作日内完成尽职调查，对审核合格的项目出具担保函，并协调承贷银行办理贷款业务；承贷银行于15个工作日内发放贷款。

（2）农业信贷资金的管理

农业信贷资金应专项用于农业生产、加工、流通等相关领域，不得挪作他用。相关部门和金融机构应对资金的使用情况进行监管，确保资金的有效

```
项目主体提交              县（市、区）农业
担保贷款申请              农村部门收到申请

                        在5个工作内出具推荐函

市农业农村局收
到推荐函
对符合项目在3个工作日     市融资担保集团
内出具推荐函至市融资担    收到推荐函
保集团
                        在5个工作日内完成尽职调查
                        对审核合格项目出具担保函
承贷银行收到担保          并协调承贷银行办理贷款业务
函及协调
在15个工作日内发放贷款

                        贷款发放完成
```

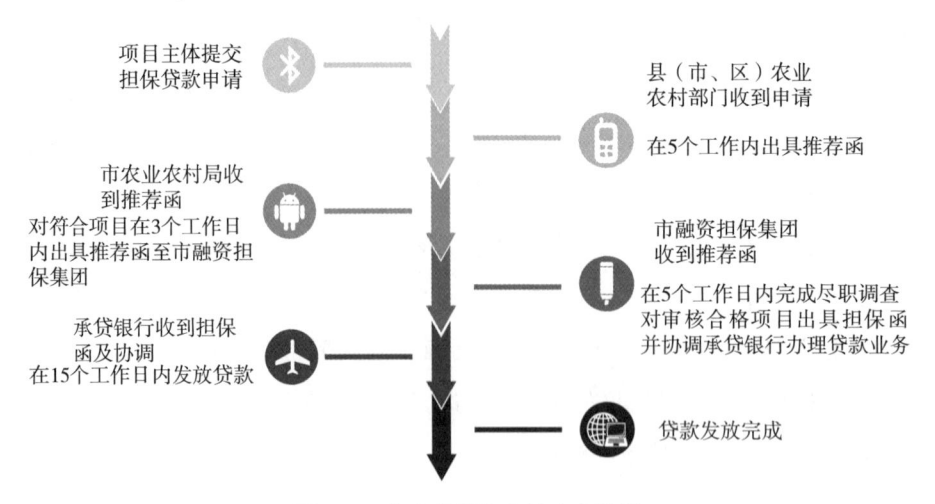

图 1-1　农业信贷资金的申办流程

运用。例如，荆门市规定农业信贷担保资金应按照"政策性资金、法人化管理、市场化运作"的原则进行管理，市融资担保集团应遵循安全性、效益性和专用性的原则运用农业信贷担保资金，要在合作银行设立专户，实行"专户储存、封闭运行、动态管理"。未经市财政局批准，不得以任何理由调剂他用。

农业信贷资金存在一定的风险，相关部门和金融机构应建立完善的风险控制和代偿机制。例如，荆门市规定农业信贷担保项目担保代偿率应控制在6%以内，超过6%后市融资担保集团应停止新增农业信贷担保业务，全力开展债务清收。当担保代偿率控制在6%以内后，应恢复办理农业信贷担保业务。市融资担保集团停止新增或恢复办理农业信贷担保业务，应及时告知各级财政、农业农村部门和投融资服务中心（金融办）。新增项目如发生代偿，贷款本息由市融资担保集团、项目所在地县（市、区）、承贷银行按照一定比例分担。

为鼓励农业信贷资金的发展，相关部门可以通过出台一系列政策支持和财政补助措施。例如，荆门市规定县（市、区）财政部门对符合标准的政策性业务担保费用给予适当补助，财政补助后的综合担保费率（向贷款主体收取和财政补助之和）不得超过3%。市融资担保集团应在次年3月底前根据担

保业务开展情况向县（市、区）财政部门提出上年度担保费补助申请，同时抄报当地投融资服务中心（金融办）。县（市、区）财政部门应将农业信贷担保费补助资金纳入年度预算，并在年度结束后，以市融资担保集团上报的农业信贷担保补助资金申请金额和时间为基准，在60天内完成审核，通过审核的项目应当在审核通过之日起30天内将补助资金拨付至市融资担保集团。

（三）农业经营管理中的劳动力条件

1. 农业劳动力的基本特征与利用方式

农业劳动力是农业生产中最活跃、最具能动性的要素，其数量和质量直接关系到农业生产的效率和可持续性。农业劳动力的基本特征及其利用方式，是现代农业经营与管理中不可或缺的一部分。农业劳动力的基本特征主要体现在以下几个方面。

第一，农业劳动在时间上具有强烈的季节性。由于农业生产的根本特点是自然再生产与经济再生产相互交织，农作物的生长周期和动物的繁殖季节等自然因素决定了农业劳动的时间分布。在农忙季节，如播种、收割等关键时期，需要大量的劳动力投入；而在农闲季节，劳动力需求则相对减少。这种季节性特征要求农业经营管理必须根据生产周期合理安排劳动力，避免劳动力资源的浪费。

第二，农业劳动在空间上具有较大的分散性和地域性。农业生产深受自然条件的制约，不同地域由于自然条件不同，往往只能经营适合当地自然条件的生产项目。这种地域性特征导致农业劳动在空间上分散进行，难以形成大规模的集中生产。因此，农业经营管理需要充分考虑地域特点，因地制宜地组织和利用劳动力资源。

第三，农业劳动内容的多样性也是其显著特征之一。农业生产包括农、林、牧、副、渔等多个领域，每个领域都有其独特的生产方式和技术要求。这种多样性要求农业劳动力必须具备多方面的技能和知识，适应不同生产环节的需求。

在利用方式上，现代农业经营管理应注重以下几点：

一是合理安排劳动力时间。根据农业生产的季节性和周期性特点，制订科学的劳动力使用计划，确保在关键生产环节有足够的劳动力投入。同时，通过发展多种经营和延长产业链等方式，增加劳动力在非农忙季节的就业机会。

二是优化劳动力结构。根据农业生产的实际需要和劳动力的技能特点，合理配置劳动力资源，实现人尽其才、才尽其用。通过引进和培养高素质人才，提高农业劳动力的整体素质和技术水平。

三是提高劳动力效率。通过改进农业生产技术、推广农业机械化和智能化设备等方式，降低劳动强度，提高劳动效率。同时，加强农业劳动者的技能培训和教育引导，提高其生产积极性和创造力。

2. 提高农业劳动力素质的途径

提高农业劳动力素质是现代农业经营与管理的核心任务之一，只有具备高素质、高技能的农业劳动力，才能适应现代农业发展的需要，推动农业生产向高效、绿色、可持续方向转型。

提高农业劳动力素质的途径主要包括以下几个方面：

一是加强农业教育和培训。建立健全农业教育体系，加大对农村教育的投入力度，提高农村学校的教育质量。同时，开展多种形式的农业技能培训和技术推广活动，为农业劳动者提供学习新知识、新技能的机会。通过教育和培训，提高农业劳动者的科学文化素质和专业技能水平。

二是推广现代农业技术。通过引进和推广现代农业技术，如生物技术、信息技术、智能装备等，提高农业生产的科技含量和附加值。农业劳动者在掌握这些新技术的过程中，不仅能够提高自身的技能水平，还能够增强创新意识和实践能力。

三是发展农村产业经济。通过发展农村产业经济，为农业劳动者提供更多的就业机会和收入来源。同时，农村产业经济的发展还能够带动农村基础设施建设和社会事业发展，为农业劳动者提供更好的生产和生活条件。在产业经济发展过程中，注重培养农业劳动者的市场意识和经营能力，提高其自主创业和自我发展的能力。

四是加强农业劳动力市场监管和服务。建立健全农业劳动力市场体系，加强对农业劳动力的市场监管和服务工作。通过发布劳动力供需信息、提供职业介绍和就业指导等服务，促进农业劳动力的有序流动和合理配置。同时，加大对农业劳动力的权益保护力度，维护其合法权益不受侵害。

五是营造良好的农业劳动环境。通过改善农业生产条件、提高农业劳动者的工作待遇和福利水平等方式，创造良好的农业劳动环境。这不仅能够提高农业劳动者的工作积极性和创造力，还能够吸引更多高素质人才投身农业生产和经营管理工作。

二、青年"乡村CEO"在产业融合与升级中的作用

（一）产业融合路径

1. 农业与加工业的融合

农业与加工业的融合是实现农业产业链延伸、提升农产品附加值的重要手段。青年"乡村CEO"在推动这一融合的过程中，首先需要具备敏锐的市场洞察力和前瞻性的战略规划能力。通过对当地农业资源的深入调研与分析，青年"乡村CEO"能够精准定位适合当地发展的加工产业类型。例如，在一些农产品丰富的地区，青年"乡村CEO"可以引导农民将传统的初级农产品加工成高附加值的深加工产品。如将新鲜的水果加工成果汁、果酱、果干等，或者将优质的粮食加工成各种营养丰富的食品。这不仅能够延长农产品的保鲜期，提高农产品的市场竞争力，还能够为农民带来更高的经济收益。

在推动农业与加工业融合的过程中，青年"乡村CEO"还需要注重技术创新和管理创新。可以引入先进的加工设备和技术，提高农产品的加工效率和品质，通过建立科学的管理体系，优化生产流程，降低生产成本，实现农业与加工业的协同发展。此外，青年"乡村CEO"还需要积极寻求与外部企业的合作，拓展农产品的销售渠道和市场空间。他们可以与大型的食品加工企业建立合作关系，将当地的农产品纳入其供应链体系，或者通过电商平台等现代销售渠道，将农产品销往更广阔的市场。

2. 农业与旅游业的融合

农业与旅游业的融合是乡村旅游发展的重要趋势，也是推动乡村振兴的有效途径。青年"乡村 CEO"在推动这一融合过程中，需要充分发挥创意和策划能力，将当地的农业资源与旅游资源有机结合，打造出具有地方特色的乡村旅游产品。

一方面，青年"乡村 CEO"可以引导农民将传统的农业生产活动转化为旅游体验项目。例如，在果园中开展采摘体验活动，让游客亲身体验采摘水果的乐趣；在农田中设置农耕文化展示区，让游客了解传统的农耕文化和农业技术。这些体验项目不仅能够吸引游客前来观光旅游，还能够增加农民的收入。

另一方面，青年"乡村 CEO"还可以结合当地的自然景观和人文景观，开发出具有独特魅力的乡村旅游线路和产品。例如，在风景秀丽的山区或水乡地区，可以开发徒步、骑行、垂钓等户外休闲旅游项目；在具有历史文化底蕴的乡村地区，可以开发古村落探访、民俗文化体验等文化旅游项目。这些旅游产品和线路能够满足不同游客的需求和偏好，提升乡村旅游的吸引力和竞争力。

在推动农业与旅游业融合的过程中，青年"乡村 CEO"还需要注重品牌建设和市场推广。他们可以通过打造具有地方特色的乡村旅游品牌，提高乡村旅游的知名度和美誉度。同时，通过运用新媒体、网络营销等现代营销手段，扩大乡村旅游的市场影响力和覆盖范围。

3. 农业与服务业的融合

农业与服务业的融合是现代农业经营与管理的重要趋势，也是提升农业附加值、促进农民增收的关键环节。青年"乡村 CEO"在推动这一融合过程中，需要充分发挥其服务创新和管理创新的能力，为农民提供全方位、多层次的服务支持。

一方面，青年"乡村 CEO"可以引导农民将传统的农业生产服务转化为市场化的专业服务。例如，在农业生产过程中提供病虫害防治、施肥灌溉、农机作业等专业化的技术服务；在农产品销售过程中提供包装、运输、仓储

第一章 青年"乡村CEO"赋能浙江农业农村现代化的理论基础

等一体化的物流服务。这些专业化服务不仅能够提高农业生产的效率和品质，还能够为农民带来更高的经济收益。

另一方面，青年"乡村CEO"还可以结合当地的农业特色和市场需求，开发出具有创新性的农业服务产品。例如，在农产品电商领域，可以开发农产品电商平台和物流配送服务；在农业金融服务领域，可以开发农业保险、小额信贷等金融服务产品。这些创新性服务产品能够满足农民在农业生产、销售等各个环节的需求和偏好，促进农业与服务业的深度融合。

在推动农业与服务业融合的过程中，青年"乡村CEO"还需要注重服务质量和品牌建设。他们可以通过建立完善的服务标准和流程，提高服务的规范化和标准化水平；通过建立品牌化的服务体系和形象识别系统，提高服务的知名度和美誉度。同时，通过运用现代信息技术和管理手段，优化服务流程和管理效率，为农民提供更加便捷、高效的服务支持。

（二）产业升级策略与措施

1. 明确产业升级方向

在乡村振兴战略的大背景下，明确产业升级方向是青年"乡村CEO"的首要任务，产业升级不仅是经济结构调整的必然要求，也是推动农业农村现代化、实现乡村全面振兴的关键路径。青年"乡村CEO"应深入调研所在乡村的自然资源、历史文化、产业现状和市场需求，结合国内外经济形势和产业发展趋势，明确产业升级的方向和重点。

青年"乡村CEO"应关注国家产业政策的导向，积极响应国家关于农业供给侧结构性改革、农村一二三产业融合发展等政策要求，要立足乡村实际，充分挖掘乡村的特色资源和潜在优势，如特色农产品、乡村文化、自然风光等，将这些优势转化为产业升级的动力。例如，对于拥有丰富农业资源的乡村，可以重点发展现代农业、特色种植业、养殖业等；对于具有独特文化景观的乡村，可以发展乡村旅游、文化体验等产业。在明确产业升级方向的过程中，青年"乡村CEO"还应注重产业间的协同与融合。通过推动农业与加工业、服务业、旅游业等产业的深度融合，形成多元化的产业结构，提升乡村产业的整体竞争力和抗风险能力。

2. 推进科技创新与成果转化

科技创新是推动产业升级的核心驱动力。青年"乡村CEO"在产业融合与升级中，应高度重视科技创新与成果转化工作，通过引入新技术、新设备、新工艺，提升乡村产业的科技含量和附加值。

青年"乡村CEO"应积极寻求与高校、科研机构等单位的合作，共同开展关键核心技术攻关和基础研究。通过产学研用紧密结合的创新体系，推动科技成果从实验室走向田间地头，转化为现实生产力。例如，可以引进精准农业技术、智能农业装备等，提高农业生产效率和产品质量。青年"乡村CEO"还应注重科技成果的转化应用，通过建立科技成果转化示范基地、中试基地等平台，加速科技成果从样品化、产品化到产业化的进程，要完善科技成果转化机制，明确科技成果的权属、收益分配等问题，激发科研人员和企业的创新活力。此外，青年"乡村CEO"还应注重培养乡村的创新型人才，通过加强职业教育和技能培训，提高乡村居民的科技素质和创新能力，要积极引进高端人才，为乡村产业发展提供智力支持。

3. 完善基础设施与公共服务

通过改善交通、水利、电力、通信等基础设施条件，为乡村产业发展提供有力保障。例如，可以修建或扩建乡村道路，提高乡村交通的便捷性和通达性；可以加强农田水利设施建设，提高农业生产的抗灾能力和灌溉效率。通过加强教育、医疗、养老等公共服务设施建设，提高乡村居民的生活质量和幸福感；通过完善乡村社会治理体系，维护乡村社会的和谐稳定。例如，可以引进优质教育资源，提高乡村学校的教学质量；可以加强乡村医疗队伍建设，提高乡村医疗服务水平。此外，青年"乡村CEO"还应注重基础设施和公共服务的长效管护机制建设，通过建立完善的管理制度和监督机制，确保基础设施和公共服务设施的正常运行和有效维护。

4. 推动品牌建设与市场营销

品牌建设与市场营销是提升乡村产业竞争力的重要手段。青年"乡村CEO"在推动产业融合与升级的过程中，应高度重视品牌建设与市场营销工作，要

第一章 青年"乡村 CEO"赋能浙江农业农村现代化的理论基础

加强品牌建设工作,通过挖掘乡村特色资源和文化内涵,打造具有地域特色的乡村品牌。例如,可以依托当地的特色农产品、乡村文化、自然风光等资源,打造具有独特魅力的乡村品牌,注重品牌形象的塑造和传播,提高品牌的知名度和美誉度。

通过拓宽销售渠道、创新营销方式等手段,增加乡村产品的市场占有率和提升品牌知名度。例如,可以利用电商平台、社交媒体等新兴渠道,将乡村产品推向更广阔的市场;可以通过举办农产品展销会、乡村旅游节等活动,吸引更多消费者关注和购买乡村产品。此外,青年"乡村 CEO"还应注重市场营销策略的创新和优化,通过深入了解消费者需求和偏好,制定符合市场需求的营销策略。例如,可以针对不同消费群体的需求,开发差异化产品和服务;可以通过提供整体解决方案等方式,增加产品的附加值和竞争力。

第二章 青年"乡村 CEO"赋能浙江农业农村现代化的实践探索

第一节 浙江农业农村现代化的现状、挑战与机遇

一、浙江农业农村现代化的现状

(一) 农业高质高效先行示范

浙江省在农业高质高效方面走在全国前列，通过一系列政策措施和科技创新，实现了农业生产的现代化和高效化。通过实施粮食安全党政同责制，完善粮食安全省长责任制，浙江省有效保障了粮食等重要农产品的稳定供应，通过扩大杭嘉湖平原、宁绍平原等产区早稻种植面积，完善粮食政策，加大对产粮大县、产粮大镇、种粮大户的支持力度，浙江省的粮食生产能力得到了显著提升。浙江省还注重提高生猪等重要农产品供给能力，严格落实"菜篮子"市长负责制，加快构建重要农产品新型补贴政策体系，确保水产品产量稳定在较高水平。

浙江省在现代种业创新能力增强方面做出了积极努力，通过开展种质资源调查、收集保存和鉴定评价，健全种质资源库，浙江省有效保护了地方特色种质资源，还加大了对育种的基础性研究以及重点育种项目的支持力度，

第二章 青年"乡村 CEO"赋能浙江农业农村现代化的实践探索

推动了现代种业的发展,这些措施为浙江省农业高质高效发展提供了坚实的种业基础。浙江省在农业社会化服务体系健全方面取得了显著进展,通过构建完善的农业社会化服务体系,浙江省有效解决了农业生产中的技术、资金、市场等问题。例如,通过推广农业机械化、智能化技术,浙江省提高了农业生产的效率和品质;通过发展农村电商、云农场等新型农业经营模式,浙江省拓宽了农产品的销售渠道和市场空间。

浙江省在高效生态农业绿色化、数字化、设施化、园区化、融合化、品牌化发展水平提升方面做出了积极贡献。通过推广绿色生产技术,浙江省有效降低了农业生产对环境的污染;通过发展数字农业,浙江省提高了农业生产的智能化水平;通过建设现代农业园区,浙江省推动了农业生产的集约化和规模化;通过推动农业与加工业、旅游业、服务业等产业的融合发展,浙江省拓宽了农业产业链和价值链;通过培育农业品牌,浙江省提高了农产品的市场竞争力和附加值。

(二)乡村宜居宜业先行示范

浙江省在乡村宜居宜业方面走在全国前列,通过一系列政策措施和改革创新,实现了乡村环境的改善和居民生活质量的提高。通过实施"千村示范、万村整治"工程,浙江省有效改善了农村人居环境,提升了乡村整体面貌,通过推进美丽乡村风景线建设、和美庭院创建等活动,浙江省进一步美化了乡村环境,提高了乡村宜居水平。

浙江省在农业领域率先实现碳达峰这一方面做出了积极努力,通过推广绿色生产技术,发展循环农业,浙江省有效降低了农业生产对环境的污染和碳排放,通过加强农业废弃物的资源化利用,浙江省实现了农业废弃物的减量化、资源化和无害化处理。此外,浙江省在推进乡村治理体系和治理能力现代化方面做出了积极贡献,通过完善乡村治理体系,加强基层民主建设,浙江省提高了乡村治理的效率和水平,通过推广"四治融合"治理模式(自治、法治、德治、智治),浙江省构建了多元共治的乡村治理格局,为乡村宜居宜业提供了有力保障。

(三) 农民富裕富足先行示范

浙江省在推动农民富裕富足方面走在全国前列，通过一系列政策措施和改革创新，实现了农民收入的持续较快增长和生活质量的显著提升。浙江省在促进农民收入持续较快增长方面取得了显著成效，通过实施一系列惠农政策，如提高粮食收购价格、加大农业补贴力度等；浙江省有效增加了农民的经营性收入，通过发展农村电商、乡村旅游等产业；浙江省拓宽了农民的增收渠道，提高了农民的工资性收入；浙江省还注重加强农民职业技能培训，提高农民的就业能力和收入水平。

浙江省在推进乡村治理体系和治理能力现代化方面做出了积极努力，通过完善乡村治理体系、加强基层民主建设，浙江省提高了乡村治理的效率和水平，不仅为农民提供了更加便捷、高效的公共服务，还增强了农民的获得感、幸福感和安全感。浙江省还在促进农民物质与精神双重富裕方面做出了积极努力，通过加强农村文化设施建设、丰富农村文化生活，浙江省满足了农民日益增长的精神文化需求，通过推广健康的生活方式，提高了农民的身体素质和生活质量，浙江省促进了农民的全面发展。

(四) 数字化与绿色农业发展

浙江省在数字化与绿色农业发展方面走在全国前列，通过一系列政策措施和科技创新，实现了农业生产的智能化和绿色化。通过构建农业大数据平台，推广智能农机装备，浙江省提高了农业生产的智能化水平，不仅降低了农业生产成本，还提高了农业生产的效率和品质；通过发展农村电商、云农场等新型农业经营模式，浙江省拓宽了农产品的销售渠道和市场空间。

浙江省在推广绿色生产技术方面做出了积极努力，通过研发和推广绿色肥料、绿色农药等环保型农业生产资料，浙江省降低了农业生产对环境的污染，通过发展循环农业、生态农业等新型农业模式，浙江省实现了农业生产的可持续发展。此外，浙江省在推动农业与数字技术、绿色技术的融合发展方面做出了积极贡献，通过加强农业与数字技术、绿色技术的融合创新，推动了农业产业链和价值链的延伸和拓展,不仅提高了农业的综合效益和竞争力,还为浙江省农业农村现代化提供了新的发展动力。

(五) 农村经济与集体经济实力

浙江省在农村经济与集体经济实力方面走在全国前列,通过一系列政策措施和改革创新,实现了农村经济的持续快速发展和集体经济实力的显著增强。通过发展乡村旅游、农村电商、特色农产品加工等产业,浙江省拓宽了乡村经济收入来源,提高了乡村经济发展水平,通过扶持农村小微企业、家庭农场等新型农业经营主体,浙江省增强了乡村经济的活力和竞争力。

浙江省在增强集体经济实力方面做出了积极努力,通过完善农村集体产权制度,推动农村集体资产股份权能改革,浙江省实现了农村集体资产的保值增值,通过发展飞地经济、物业经济等新型集体经济模式,浙江省拓宽了集体经济收入来源,提高了集体经济实力。此外,浙江省在促进农村经济与集体经济协同发展方面也做出了积极努力,通过加强农村经济与集体经济的协同发展,实现了资源共享、优势互补和互利共赢,不仅提高了农村经济的综合效益和竞争力,还为浙江省农业农村现代化提供了新的发展动力。

二、浙江农业农村现代化面临的挑战

(一) 基础设施与利益联结短板

浙江省在农业农村现代化进程中,存在着基础设施与利益联结的显著短板,这一短板主要体现在两个方面:一是基础设施的硬短板;二是利益联结的软短板。

从基础设施硬短板来看,浙江省虽然在经济社会发展方面取得了显著成就,但在农业农村领域的基础设施建设上仍存在不足。例如,高标准农田建设、农村水利设施、农村电网升级改造、农村交通网络完善等方面仍需加大投入力度。这些基础设施的不足,直接制约了农业生产的效率和农产品的流通,影响了农业农村现代化的整体进程。特别是在应对自然灾害、保障农产品安全供应等方面，基础设施的硬短板显得尤为突出。例如，在洪涝灾害频发的地区，如果农田水利设施不完善，就无法有效排涝，导致农田受损，影响粮食生产。

利益联结的软短板则主要体现在农业农村产业链条的利益分配机制上。在当前的农业产业体系中，农民往往处于产业链的末端，难以得到产业链增值带来的收益。这主要是由于农民与农业企业、合作社等市场主体之间的利益联结机制不健全。一方面，农民缺乏组织化、规模化的生产方式，难以形成有效的市场谈判力量；另一方面，农业企业、合作社等市场主体在追求自身利益最大化的过程中，往往忽视了与农民的利益共享。这种利益联结的软短板，不仅影响了农民的生产积极性，也制约了农业农村现代化的可持续发展。

（二）成本抬升与资源约束

1. 成本抬升

成本抬升主要体现在农业生产成本的上升和农产品流通成本的增加两个方面。

农业生产成本的上升，主要是由于农业生产资料价格的上涨和劳动力成本的增加。近年来，化肥、农药、种子等农业生产资料的价格持续上涨，增加了农民的生产成本。同时，随着城市化进程的加快，农村劳动力大量转移，导致农业劳动力成本不断上升。这些因素共同作用，使得农业生产成本不断攀升，压缩了农民的利润空间。

农产品流通成本的增加，则主要是由于农产品流通环节多、损耗大、效率低等问题。在当前的农产品流通体系中，信息不对称、物流设施不完善等原因，导致农产品在流通过程中的损耗较大，增加了流通成本。同时，由于农产品流通环节多，每个环节都需要获取一定的利润，因此农产品最终销售价格上涨，进一步压缩了农民的利润空间。

2. 资源约束

资源约束则是制约浙江省农业农村现代化进程的另一大难题。随着人口的增长和经济社会的发展，浙江省的农业资源面临着日益严峻的挑战。一方面，土地资源日益紧张，人均耕地面积不断下降，限制了农业生产规模的扩张；另一方面，水资源短缺、生态环境恶化等问题也日益严重，对农业生产构成了严重威胁。这些资源约束问题，使得浙江省在推进农业农村现代化进程中，必须更加注重资源的高效利用和可持续发展。

（三）制度改革滞后与乡村治理能力不足

1. 制度改革滞后

制度改革滞后主要体现在农村土地制度、农业经营制度、农村金融制度等方面。在农村土地制度方面，虽然浙江省已经进行了多轮土地制度改革，但在实践中仍存在一些问题。例如，农村土地流转市场不完善，土地流转价格形成机制不健全，导致土地流转效率低下；农村土地承包经营权的确权登记颁证工作进展缓慢，影响了农民的土地权益保障。在农业经营制度方面，虽然浙江省已经涌现出了一批农业龙头企业、农民专业合作社等新型农业经营主体，但在实践中仍存在一些问题。例如，农业龙头企业的数量偏少，精深加工和高附加值龙头企业不多；农民专业合作社的组织化程度低，管理不规范，对高精尖的农业技术运用不够。在农村金融制度方面，虽然浙江省已经建立了相对完善的农村金融体系，但在实践中仍存在一些问题。例如，农村金融机构的金融业务和金融工具单一，无法满足农民和农业企业的多元化金融需求；对农村金融的激励机制匮乏，政府对农村金融机构的激励不够，影响了农村金融对农业支持的积极性。

2. 乡村治理能力不足

乡村治理能力不足则主要体现在乡村治理理念、治理方式、治理机制等方面，在治理理念上，部分乡村治理者仍停留在传统的治理思维上，缺乏现代治理理念和创新精神。在治理方式上，部分乡村治理者仍采用行政命令式的治理方式，缺乏民主参与和协商共治。在治理机制上，部分乡村治理者仍依赖传统的治理机制，缺乏科学、高效的治理机制。这些问题导致乡村治理效率低下，难以满足农业农村现代化进程中的多元化需求。

(四) 农业支持保护政策单一与监管不力

1. 农业支持保护政策单一

农业支持保护政策单一主要体现在政策内容、政策形式和政策效果等方面。在政策内容上，当前的农业支持保护政策主要集中在财政补贴、税收优惠等方面，缺乏对农业科技创新、农业品牌建设、农业绿色发展等方面的支持。这种政策单一性，难以满足农业农村现代化进程中的多元化需求。在政策形式上，当前的农业支持保护政策主要采取直接补贴的方式，缺乏间接支持、引导和服务等多元化形式。这种政策形式单一性，降低了政策的效果和可持续性。在政策效果上，由于政策单一性和政策形式单一性，当前的农业支持保护政策在促进农业生产、保障农产品供应、提高农民收入等方面的效果仍然有限。特别是在应对自然灾害、保障农产品质量安全等方面，政策效果尤为不足。

2. 农业支持保护政策监管不力

政策监管不力则是制约浙江省农业农村现代化进程的另一大难题。在当前的农业支持保护政策执行过程中，由于监管不力，导致政策落实不到位、资金浪费和资金滥用等问题时有发生。例如，在财政补贴方面，由于监管不力，导致部分农民和农业企业骗取补贴资金；在税收优惠方面，由于监管不力，导致部分农业企业偷税漏税。这些问题不仅损害了政策的公信力和效果，也制约了农业农村现代化的可持续发展。

三、浙江农业农村现代化的机遇

(一) 国家政策与战略支持

国家政策与战略支持是浙江农业农村现代化发展的重要机遇。近年来，国家高度重视农业农村现代化发展，并出台了一系列政策措施，为浙江农业农村现代化提供了有力的政策保障和战略指引。

国家乡村振兴战略为浙江农业农村现代化提供了宏观指导。乡村振兴战略明确了农业农村现代化的方向和目标，强调要加快推进农业农村现代化，

第二章 青年"乡村CEO"赋能浙江农业农村现代化的实践探索

实现农业全面升级、农村全面进步、农民全面发展。浙江作为经济发达、农业基础雄厚的省份,积极响应国家乡村振兴战略,制定了一系列符合自身实际的实施方案,为农业农村现代化注入了新的动力。

国家农业供给侧结构性改革为浙江农业农村现代化提供了重要契机。农业供给侧结构性改革强调要通过提高农业供给体系质量和效率,使农产品供给数量充足、品种和质量契合消费者需要,真正形成结构合理、保障有力的农产品有效供给。浙江在农业供给侧结构性改革中,注重优化农业生产力布局,提升农业产业竞争力,加强农业科技创新,推动农业绿色发展,为农业农村现代化提供了有力支撑。

(二) 国内外市场需求增长

国内外市场需求增长是浙江农业农村现代化发展的重要机遇。随着全球化和区域一体化的深入推进,国内外市场需求呈现出多元化、高品质化的趋势,为浙江农业农村现代化提供了广阔的市场空间。

国内市场需求增长为浙江农业农村现代化提供了重要支撑。随着居民收入水平的提高和消费结构的升级,国内市场对高品质、绿色、有机农产品的需求不断增加。浙江作为农产品生产大省,拥有丰富的农业资源和先进的农业生产技术,能够满足国内市场对高品质农产品的需求。浙江还积极发展农产品加工业和农村电商等新兴产业,拓宽了农产品的销售渠道和市场空间。

国际市场需求增长为浙江农业农村现代化提供了新的机遇。随着全球化和区域一体化的深入推进,国际市场对高品质、特色化农产品的需求不断增加。浙江作为沿海开放省份,具有得天独厚的地理优势和便捷的交通条件,能够积极参与国际市场竞争,将优质农产品出口到世界各地。浙江还积极引进国外先进的农业生产技术和管理经验,提高了自身的农业生产水平和国际竞争力。

(三) 科技创新与数字化转型

科技创新与数字化转型是浙江农业农村现代化发展的重要机遇,随着信息技术的快速发展和广泛应用，科技创新与数字化转型已成为推动农业农村现代化的重要力量。

科技创新为浙江农业农村现代化提供了有力支撑。通过加强农业科技创新，浙江能够研发出更多高效、环保、智能的农业生产技术和设备，提高农业生产的效率和品质。例如，通过基因编辑、智能农机等技术手段的应用，浙江能够培育出更多优质、高产、抗病的农作物品种，提高农业生产的稳定性和可持续性。同时，科技创新还能够推动农业产业链的延伸和拓展，形成更加完善的农业产业体系。

数字化转型为浙江农业农村现代化提供了新的发展动力。通过加强数字农业建设，浙江能够实现农业生产的精准化、智能化和高效化。例如，通过运用物联网、大数据、云计算等信息技术手段，浙江能够实现对农业生产全过程的监测和管理，提高农业生产的效率和品质。同时，数字化转型还能够推动农业与互联网、电子商务等产业的融合发展，形成更加完善的农业产业生态体系。

（四）城乡融合发展机遇

城乡融合发展机遇是浙江农业农村现代化发展的重要机遇。随着城乡一体化进程的加速推进，城乡融合发展已成为推动农业农村现代化的重要途径。

城乡融合发展能够促进农村资源的优化配置和高效利用。通过加强城乡之间的合作与交流，浙江能够实现农村资源的优化配置和高效利用。例如，通过推动城市基础设施向农村延伸、公共服务向农村覆盖、资源要素向农村流动等措施的实施，浙江能够提高农村的生产生活条件和发展水平，城乡融合发展还能够推动农村产业的转型升级和创新发展，形成更加完善的农村产业体系。

城乡融合发展能够促进农村人口的有序流动和合理布局。通过加强城乡之间的合作与交流，浙江能够实现农村人口的有序流动和合理布局。例如，通过推动农村人口向城市转移、城市人口向农村流动等措施的实施，浙江能够提高农村人口的生活质量和发展水平，城乡融合发展还能够推动农村社会的全面进步和和谐发展，形成更加完善的农村社会结构。

城乡融合发展能够促进农村文化的传承与创新。通过加强城乡之间的合作与交流，浙江能够实现农村文化的传承与创新。例如，通过推动城市文化向农村传播、农村文化向城市展示等措施的实施，浙江能够提高农村文化的知名度和影响力，城乡融合发展还能够推动农村文化的多样化和特色化发展，形成更加完善的农村文化体系。

第二节　青年"乡村 CEO"推动的农业农村现代化实践探索

一、产业振兴实践

（一）发展特色产业和品牌化经营

特色产业是乡村经济的基石，也是乡村振兴的支撑点。青年"乡村 CEO"深知特色产业在乡村经济发展中的重要性，因此，他们积极挖掘乡村资源禀赋，发挥乡村比较优势，大力发展特色产业。在这一过程中，青年"乡村 CEO"注重将传统农业与现代科技、文化、旅游等元素相结合，打造具有乡村特色的农产品和旅游产品，提升乡村产业的附加值和竞争力。

品牌化经营是特色产业发展的重要方向。青年"乡村 CEO"深谙品牌的力量，他们明白，一个知名的品牌不仅能够提升产品的市场认知度和美誉度，还能够带动整个乡村产业的发展。因此，他们积极注册商标，打造乡村品牌，通过品牌化经营来提升乡村产业的附加值和市场竞争力。在品牌建设过程中，青年"乡村 CEO"注重品质把控，确保产品的质量和安全；同时，他们还积极开展品牌宣传和推广活动，提高品牌的知名度和影响力。

为了推动特色产业和品牌化经营的发展，青年"乡村 CEO"还积极争取政府和社会的支持。他们与政府相关部门保持密切沟通，争取政策扶持和资金支持；同时，他们还与高校、科研机构等建立合作关系，引进新技术、新品种，提升特色产业的科技含量和创新性。在这些努力下，乡村特色产业得到了快速发展，品牌影响力不断提升，为乡村经济注入了新的活力。

（二）引入现代企业管理理念和方法

现代企业管理理念和方法是提升乡村产业管理水平和运营效率的重要手段。青年"乡村 CEO"作为具有现代管理背景的人才，他们深知现代企业管理理念和方法在乡村产业发展中的重要性。因此，他们积极将现代企业管理理念和方法引入乡村产业管理中，推动乡村产业的规范化、标准化和现代化发展。

在引入现代企业管理理念和方法的过程中，青年"乡村 CEO"注重结合乡村产业的实际情况，因地制宜地制定管理策略和运营方案。他们通过建立完善的企业管理制度和流程，规范乡村企业的运营行为，提高管理效率和运营水平；同时，他们还积极引入先进的管理工具和技术手段，如 ERP 系统、智能化管理平台等，提升乡村企业的信息化水平和智能化程度。

此外，青年"乡村 CEO"还注重乡村企业的人才培养和团队建设。他们明白，人才是企业发展的核心竞争力，因此，他们积极开展人才培养和引进工作，提升乡村企业的人才素质和团队能力。通过这些措施的实施，乡村企业的管理水平和运营效率得到了显著提升，为乡村产业的持续健康发展奠定了坚实基础。

（三）利用互联网技术拓宽市场渠道

互联网技术是现代科技的重要组成部分，也是拓宽乡村市场渠道的重要手段。青年"乡村 CEO"作为具有互联网思维的人才，他们深知互联网技术在乡村产业发展中的巨大潜力。因此，他们积极利用互联网技术来拓宽乡村市场渠道，推动乡村产业的线上化发展。

在利用互联网技术拓宽市场渠道的过程中，青年"乡村 CEO"注重结合乡村产业的实际情况和市场需求，制定切实可行的线上营销策略和方案。他们通过建立乡村电商平台、开展网络营销活动等方式，将乡村特色产品和旅游产品推向更广阔的市场；同时，他们还积极利用社交媒体、短视频等新媒体平台来宣传和推广乡村产业，提高乡村产业的知名度和影响力。除线上营销外，青年"乡村 CEO"还注重线上线下的融合发展，线上线下相结合才能够更好地满足消费者的需求和提高市场竞争力。因此，他们积极推动乡村产业的线上线下融合发展，通过线上引流、线下体验等方式来提升消费者的购买意愿和满意度。

在利用互联网技术拓宽市场渠道的过程中，青年"乡村 CEO"还注重乡村产业的数字化转型和升级，数字化转型是乡村产业未来发展的必然趋势，也是提升乡村产业竞争力和附加值的重要途径。因此，他们积极引入数字化技术和手段来改造和升级乡村产业，推动乡村产业的数字化、智能化和现代化发展。具体来说，青年"乡村 CEO"在推动乡村产业数字化转型方面采取了多项措施。一是加强乡村信息基础设施建设，提高乡村地区的网络覆盖率和网速水平，为乡村产业的数字化转型提供基础保障。二是推动乡村企业与互联网企业、电商平台等建立合作关系，共同开发数字化产品和提供相关服务，拓展乡村产业的数字化应用场景。三是加强乡村产业的数字化人才培养和引进工作，提高乡村产业的数字化水平和创新能力。

二、人才振兴实践

（一）强化教育培训，提升乡村人才素质

教育培训是提升乡村人才素质的基础途径。在农业农村现代化的背景下，传统的农业知识和技能已难以满足现代农业发展的需求。因此，针对青年"乡村 CEO"和广大乡村人才的教育培训显得尤为重要。

教育培训内容需紧跟时代步伐，注重实用性和前瞻性，应涵盖现代农业技术、经营管理、市场营销、品牌建设等多个方面，旨在提升乡村人才的综合素质和创新能力。通过系统的培训，青年"乡村 CEO"能够掌握先进的农业生产技术和管理理念，更好地适应市场变化，引领乡村产业升级。教育培训方式应灵活多样，注重实效性和针对性，除传统的课堂教学外，还可以采

用现场观摩、案例分析、网络培训等多种形式，以满足不同层次、不同领域乡村人才的学习需求。同时，应加强与高校、科研机构的合作，引入优质教育资源，提升教育培训的专业性和权威性。此外，还应注重教育培训的持续性和长期性，农业农村现代化是一个长期的过程，乡村人才素质的提升也需要持续不断的努力。因此，应建立健全教育培训机制，形成定期培训、专项培训和应急培训相结合的培训体系，确保乡村人才能够随时掌握新知识、新技能，为农业农村现代化建设提供有力的人才支撑。

（二）建立科学合理的激励机制和评价体系

科学合理的激励机制和评价体系是激发乡村人才活力、促进人才成长的重要保障。对于青年"乡村CEO"而言，一个公平、公正、透明的评价和激励机制，不仅能够激发他们的工作热情和创新精神，还能够吸引更多优秀人才投身乡村建设。

在激励机制方面，应注重物质激励和精神激励相结合。在物质激励方面，可以通过提高薪酬待遇、提供住房补贴、设立创业基金等方式，改善乡村人才的生活和工作条件，增强他们的获得感和归属感。在精神激励方面，可以通过表彰奖励、宣传推广、职务晋升等方式，肯定乡村人才的贡献和价值，提升他们的社会地位和职业荣誉感。

在评价体系方面，应建立多元化、全方位的评价机制。除传统的业绩考核外，还应注重对乡村人才的创新能力、团队协作能力、社会责任感等方面的评价。同时，应引入第三方评价机构和社会监督力量，确保评价的客观性和公正性。通过科学合理的评价体系，能够准确反映乡村人才的工作实绩和贡献，为激励机制的实施提供有力依据。

此外，还应注重激励机制和评价体系的动态调整和优化。随着农业农村现代化的不断推进和乡村人才队伍的不断发展变化，激励机制和评价体系也应随之调整和完善。通过动态调整和优化，确保激励机制和评价体系的时效性和适应性，为乡村人才的成长和发展提供有力保障。

(三) 吸引和留住青年人才，缓解人才短缺问题

青年人才是农业农村现代化的生力军和突击队。然而，由于城乡发展差距大、职业认同感缺失等原因，乡村地区往往难以吸引和留住青年人才。因此，如何有效吸引和留住青年人才，成为推动农业农村现代化的重要课题。

在吸引青年人才方面，应注重政策引导和环境优化。在政策引导方面，可以通过制定优惠政策、提供创业扶持、完善社会保障体系等方式，降低青年人才投身乡村建设的门槛和风险。在环境优化方面，可以通过加强基础设施建设、改善生态环境、丰富文化生活等方式，提升乡村地区的居住品质和吸引力。通过政策引导和环境优化，能够营造有利于青年人才成长和发展的良好氛围，吸引更多优秀人才投身乡村建设。

在留住青年人才方面，应注重职业发展和情感归属。在职业发展方面，可以通过提供广阔的职业发展空间、搭建创新创业平台、加强职业培训和技能提升等方式，满足青年人才对职业成长的追求和期望。在情感归属方面，可以通过加强乡村文化建设、增进乡邻关系、关注青年人才的生活需求等方式，增强青年人才对乡村的认同感和归属感。通过职业发展和情感归属的双重保障，能够留住更多优秀青年人才在乡村地区扎根创业、服务乡村。

同时，还应注重发挥青年"乡村CEO"的示范引领作用。青年"乡村CEO"作为新型职业农民群体的代表，他们的成功经验和先进理念对广大青年人才具有重要的启示和借鉴意义。因此，应加强对青年"乡村CEO"的宣传推广和表彰奖励，树立典型示范，激发更多青年人才投身乡村建设的热情和信心。

三、文化振兴实践

(一) 挖掘和传承乡村文化基因

乡村文化基因是乡村历史的沉淀和智慧的结晶，蕴含着乡村的独特魅力和深厚底蕴。青年"乡村CEO"深知，要推动乡村文化振兴，首先必须挖掘和传承好乡村的文化基因。因此，他们积极投身于乡村文化的挖掘工作，通

过深入调研、走访村民、查阅历史资料等多种方式,努力探寻乡村文化的源头和内涵。

在挖掘乡村文化基因的过程中,青年"乡村CEO"注重从多个角度入手,全面挖掘乡村的文化资源。他们关注乡村的传统建筑、民俗风情、手工艺、民间传说等各个方面,力求将乡村的文化元素完整地呈现出来。同时,他们还注重对乡村文化进行系统的整理和记录,通过文字、图片、视频等多种形式,将乡村文化基因保存下来,为后世的传承和发展提供宝贵的资料。

挖掘乡村文化基因只是第一步,更重要的是要将其传承下去。青年"乡村CEO"深知这一点,因此在挖掘乡村文化的基础上,积极开展文化传承工作。他们通过组织文化活动、举办文化讲座、开设文化课程等方式,将乡村文化传递给更多的村民和年轻人。同时,他们还鼓励村民积极参与文化传承活动,让乡村文化在村民的日常生活中得到传承和发扬。

在传承乡村文化的过程中,青年"乡村CEO"还注重创新传承方式,让乡村文化更加贴近现代生活。他们尝试将传统文化与现代科技相结合,利用互联网、新媒体等平台,将乡村文化以更加生动、形象的方式呈现给公众。这种创新的传承方式不仅拓宽了乡村文化的传播渠道,也增强了乡村文化的吸引力和影响力。

(二) 打造乡村特色文化品牌

打造乡村特色文化品牌是文化振兴的重要手段之一。青年"乡村CEO"深知,一个具有乡村特色的文化品牌不仅能够提升乡村的知名度和美誉度,还能够带动乡村经济的发展。因此,他们积极致力于打造乡村特色文化品牌,通过挖掘乡村的文化资源,提炼乡村的文化特色,将其转化为具有市场竞争力的文化产品。

在打造乡村特色文化品牌的过程中,青年"乡村CEO"注重突出乡村的文化个性和独特性。他们深入挖掘乡村的历史文化、民俗风情、自然景观等元素,将其融入文化产品的设计和开发中。同时,他们还注重文化产品的创新和差异化,力求打造出具有独特魅力和市场竞争力的文化品牌。

第二章　青年"乡村CEO"赋能浙江农业农村现代化的实践探索

为了提升乡村特色文化品牌的影响力和知名度,青年"乡村CEO"还积极开展品牌宣传和推广工作。他们不仅利用各种渠道和平台,如互联网、新媒体、旅游展会等,对乡村特色文化品牌进行广泛的宣传和推广,还注重与旅游、农业等产业的融合发展,将乡村特色文化品牌与乡村旅游、农产品等相结合,形成产业联动效应,提升乡村经济的整体竞争力。

(三) 促进乡村文化与旅游的融合发展

乡村文化与旅游的融合发展是文化振兴的重要途径之一。青年"乡村CEO"深知,乡村旅游是乡村经济的重要支柱,而乡村文化则是乡村旅游的灵魂。因此,他们积极促进乡村文化与乡村旅游的融合发展,通过挖掘乡村的文化资源,提升乡村旅游的文化内涵和品质。

在促进乡村文化与乡村旅游融合发展的过程中,青年"乡村CEO"注重将乡村文化融入旅游产品的设计和开发中。他们利用乡村的历史文化、民俗风情、自然景观等元素,开发出具有乡村特色的旅游产品,如乡村民宿、农耕体验、文化节庆等。青年"乡村CEO"还注重提升乡村旅游的服务质量和水平,优质的服务是乡村旅游持续发展的关键。因此,他们积极加强对乡村旅游从业人员的培训和管理,提高他们的服务意识和专业技能,还注重完善乡村旅游的基础设施和配套设施,为游客提供更加舒适、便捷的旅游体验。

此外,青年"乡村CEO"还积极探索乡村旅游的新模式和新业态。他们明白,只有不断创新才能保持乡村旅游的活力和竞争力。因此,他们积极尝试将乡村旅游与互联网、新媒体等新技术相结合,开发出更加智能化、个性化的旅游产品,还注重与其他产业融合发展,如与农业、手工业等产业结合,形成产业联动效应,提升乡村旅游的综合效益。

四、生态振兴实践

(一) 推广生态农业和循环经济模式

生态农业和循环经济模式是实现农业可持续发展的关键路径,青年"乡村 CEO"凭借其敏锐的市场洞察力和创新思维,在推广生态农业和循环经济模式方面发挥着重要作用。

生态农业强调在保护生态环境的前提下,利用生态系统的自然规律和生物之间的相互作用,实现农业生产的良性循环。青年"乡村 CEO"通过引入先进的生态农业技术和管理理念,推动传统农业向生态农业转型。例如,他们推广使用有机肥料和生物农药,减少化肥和农药的使用量,降低对土壤和水资源的污染;通过轮作、间作等种植模式,提高土壤肥力和作物产量;利用生物防治和物理防治手段,减少病虫害的发生,保障农产品的质量安全。这些措施不仅改善了农业生态环境,还提高了农产品的附加值和市场竞争力。

循环经济模式则强调资源的循环利用和废弃物的无害化处理。青年"乡村 CEO"在推动农业循环经济发展方面,注重构建农业产业链上下游之间的物质循环和能量流动关系。例如,他们推广畜禽粪便资源化利用技术,将畜禽粪便转化为有机肥料或生物质能源,实现资源的再利用;通过农产品加工副产物的综合利用,提高农产品的附加值和资源利用效率;建立农业废弃物回收处理体系,减少农业废弃物的排放和污染。这些措施不仅促进了农业资源的节约和循环利用,还推动了农业产业结构的优化和升级。

青年"乡村 CEO"在推广生态农业和循环经济模式的过程中,注重与当地农民的合作与共赢。他们通过技术培训、示范带动等方式,提高农民对生态农业和循环经济模式的认识和接受度;通过利益联结机制的建立,确保农民在参与生态农业和循环经济模式中获得实实在在的经济收益。这种合作模式不仅推动了生态农业和循环经济模式的广泛应用,还促进了农民增收和乡村经济发展。

(二) 加强乡村生态环境保护

乡村生态环境保护是生态振兴的重要内容。青年"乡村 CEO"在推动农业农村现代化的过程中,高度重视乡村生态环境保护工作,致力于构建绿色、生态、宜居的美丽乡村。

青年"乡村 CEO"注重加强乡村生态环境保护的基础设施建设。推动农村生活污水治理、垃圾分类和资源化利用等项目的实施,改善农村人居环境;

第二章 青年"乡村CEO"赋能浙江农业农村现代化的实践探索

通过植树造林、水土保持等生态修复工程的建设,提高乡村生态系统的稳定性和自我恢复能力。这些措施不仅改善了乡村生态环境质量,还提高了乡村居民的生活品质和幸福感。青年"乡村CEO"还注重加强乡村生态环境保护的制度建设,推动建立健全乡村生态环境保护法规和政策体系,明确乡村生态环境保护的责任主体和监管机制;通过环境规制措施的实施,对污染环境和破坏生态的行为进行严厉打击和处罚,这些措施为乡村生态环境保护提供了坚实的制度保障和法律支持。此外,青年"乡村CEO"还注重加强乡村生态环境保护的宣传教育和公众参与,通过举办环保知识讲座、发放宣传资料等方式,提高乡村居民对生态环境保护的认识和意识;通过组织环保志愿者活动、开展环保公益活动等方式,引导乡村居民积极参与生态环境保护工作。这些措施不仅增强了乡村居民的环保意识和责任感,还形成了全社会共同参与乡村生态环境保护的良好氛围。

(三) 实现经济效益和生态效益的双赢

实现经济效益和生态效益的双赢是生态振兴的最终目标。青年"乡村CEO"在推动农业农村现代化的过程中,注重将生态效益与经济效益有机结合,实现农业可持续发展。

青年"乡村CEO"通过推广生态农业和循环经济模式,提高农产品的附加值和市场竞争力,实现农业经济效益的提升;通过加强乡村生态环境保护,改善农村人居环境,提高乡村居民的生活品质和幸福感,为乡村旅游业等生态产业的发展提供了良好的环境支撑。这些措施不仅促进了农业经济的增长,还推动了乡村经济的多元化发展。

在实现经济效益和生态效益双赢的过程中,青年"乡村CEO"注重发挥市场机制的作用,通过建立健全生态产品价值实现机制,推动乡村产业生态化和生态产业化。例如,他们推广绿色农产品认证和标识体系,提高绿色农产品的市场认可度和附加值;通过发展乡村旅游、生态康养等生态产业,将乡村生态优势转化为经济优势。这些措施不仅促进了农业产业结构的优化和升级,还提高了乡村经济的可持续发展能力。

此外，青年"乡村CEO"还注重加强科技创新在生态振兴中的应用，推动农业科技创新与生态环境保护相结合，提高农业生产的资源利用效率和环境友好性。例如，他们推广智能灌溉、精准施肥等农业物联网技术，实现农业生产的智能化和精准化；通过生物技术和遗传改良等手段，培育抗病虫害、耐逆境的农作物新品种，提高农作物的产量和品质。这些措施不仅提高了农业生产的效率和效益，还促进了农业生态环境的改善和保护。

第三节 青年"乡村CEO"引领的乡村治理模式创新实践案例

一、杭州市余杭区永安村"乡村CEO"刘松引领的乡村治理模式创新实践

（一）案例背景

1. 永安村的基本情况与发展需求

永安村位于杭州市余杭区余杭街道北部，毗邻未来科技城和良渚古城，地理位置优越，交通便利。全村区域面积7.09平方公里，其中耕地面积5259亩，耕地面积的97%为永久基本农田，这一资源禀赋决定了永安村以粮食生产为主导产业，但同时也限制了其产业发展的多元化路径。在刘松到来之前，永安村面临着集体经济薄弱、村民人均收入不高、耕地利用效率低等问题。尽管拥有得天独厚的自然资源和地理优势，但由于缺乏科学的经营管理和有效的市场推广，所以永安村的农业资源和旅游资源未能得到充分开发和利用。

随着国家对乡村振兴战略的深入实施，永安村急需一种创新的乡村治理模式，以破解发展难题，实现耕地保护和经济发展的协同并进。具体而言，永安村的发展需求主要体现在以下几个方面：一是提升耕地利用效率和农业生产效益，实现粮食生产的规模化和现代化；二是挖掘和整合乡村资源，发展农文旅融合产业，拓宽村民增收渠道；三是引入现代化经营主体和经营模

式，提升乡村治理的科学化、精细化水平。

2. 青年"乡村CEO"刘松的引进与选拔过程

在乡村振兴的大背景下，杭州市余杭区积极响应国家号召，积极探索乡村治理模式创新。为了破解永安村等乡村的发展难题，余杭区决定引入青年"乡村CEO"这一新兴职业群体，利用他们的专业知识和创新能力，为乡村发展注入新的活力。

刘松作为余杭区引进的第二批农村职业经理人（"乡村CEO"），其选拔过程充分体现了科学性和公平性。余杭区农业农村局通过公开发布招聘公告，明确了招聘条件、岗位职责和薪酬待遇等关键信息，吸引了众多有志于乡村发展的青年才俊报名应聘。选拔过程包括笔试、面试和实地调研等多个环节，旨在全面考察应聘者的专业知识、管理能力和对乡村发展的理解。在笔试环节，应聘者需要展示自己的农业知识、管理理论和对乡村治理的见解；面试环节则更注重应聘者的沟通能力、应变能力和团队协作能力；实地调研环节则要求应聘者深入乡村一线，了解乡村实际情况，提出切实可行的发展规划和实施方案。

刘松凭借其丰富的农业项目运营经验、扎实的管理理论基础以及对乡村发展的深刻洞察，在众多应聘者中脱颖而出，成功被永安村聘为"乡村CEO"。他的引进不仅为永安村带来了现代化的经营管理理念和方法，更为乡村治理模式创新提供了有力的人才支撑。刘松的引进过程不仅是一次简单的人才招聘活动，更是余杭区对乡村治理模式创新的一次积极探索和实践。通过引入青年"乡村CEO"这一新兴职业群体，余杭区旨在打破传统乡村治理模式的束缚，推动乡村治理向科学化、精细化、专业化方向发展。同时，刘松的成功引进也证明了青年才俊在乡村发展中的重要作用和价值，为其他乡村提供了可借鉴的经验和启示。

（二）创新实践内容

1. 农文旅融合发展

在刘松的引领下，永安村实现了农文旅融合发展模式的创新实践，这一模式以农业为基础，融合文化、旅游元素，通过产业互动和资源整合，推动了乡村经济的多元化发展。

刘松依托永安村丰富的稻田资源和悠久的农耕文化，打造了一系列农文旅融合项目。例如，他推出了"禹上稻乡"农文旅融合项目，将核心区块的1000亩土地发展成10亩1单元的企业认养稻田。这一模式不仅确保了种植收益和减少了市场风险，还通过企业的参与和宣传，提升了永安村的知名度和影响力。永安村还举办了开镰节、插秧节等农文旅活动，吸引了大量游客前来参观体验，进一步促进了乡村旅游的发展。刘松注重农产品的深加工和品牌化建设，引导村民将大米加工成米浆饮料、米酒、月饼等衍生品，提高了农产品的附加值，还聘请浙江大学专家团队进行品牌设计，打造了"禹上稻乡"这一具有地方特色的农产品品牌，进一步提升了永安村农产品的市场竞争力和品牌影响力。

此外，刘松还积极推动永安村的文化振兴，利用村里的文化礼堂和公共空间，开展了一系列丰富多彩的文化活动，如丰收节、插秧节、稻香小镇艺术节等，丰富了村民的精神文化生活，也吸引了大量游客前来参观体验。这些活动不仅传承和弘扬了永安村的农耕文化，还通过文化的传播和交流，提升了永安村的知名度和美誉度。通过农文旅融合发展模式，永安村实现了农业、文化、旅游产业的互动和资源整合，推动乡村经济的多元化发展。这一模式不仅提高了农产品的附加值和市场竞争力，还通过旅游业的带动，促进了乡村经济的繁荣和发展。

2. 闲置物业"民建村用"

在刘松的推动下，永安村实现了闲置物业"民建村用"模式的创新实践。这一模式通过村民出资将闲置房屋仓库改造成农家乐、民宿等旅游设施，既盘活了乡村闲置资源，又增加了村民的收入。

刘松通过调研发现，永安村存在大量闲置的房屋和仓库资源，这些资源由于长期闲置，不仅造成了资源的浪费，还影响了乡村的整体面貌。为了充分利用这些闲置资源，刘松提出了"民建村用"的模式，鼓励村民将闲置房屋仓库改造成农家乐、民宿等旅游设施。刘松通过引入社会资本和专业技术团

第二章 青年"乡村CEO"赋能浙江农业农村现代化的实践探索

队,为村民提供了全方位的创业服务,给村民提供房屋改造设计、装修施工和运营管理等方面的指导和支持,降低了村民的创业门槛和风险,还通过村里的旅游平台进行客源引流和宣传推广,提高了农家乐和民宿的知名度和影响力。

在"民建村用"模式下,永安村的农家乐和民宿得到了快速发展,这些设施不仅为游客提供了舒适便捷的住宿和餐饮服务,还通过旅游业的带动,促进了乡村经济的繁荣和发展,这一模式还拓宽了村民的收入来源,提高了村民的生活水平和幸福感。通过闲置物业"民建村用"模式,永安村实现了乡村资源的有效整合和利用,推动了乡村经济的多元化发展,这一模式不仅提高了乡村的整体面貌和品质,还通过增加村民的收入来源,提升了乡村的可持续发展能力。

3. 成立"千村公司"

在刘松的倡议和推动下,永安村联合共计8个村子成立了"千村公司",公司的成立标志着永安村乡村治理模式创新实践进入了一个新的阶段。"千村公司"由浙江芒种乡村运营有限公司和具有丰富实战经验的永安村杭州稻香小镇农业科技有限公司联合成立,旨在将"禹上稻乡"以稻为基、以创为核、农文旅融合发展的乡村振兴"密码"推广至千村万户。公司通过品牌研究、战略规划、市场营销、传播推广等专业化运营手段,将永安村的成功经验复制到其他地区,推动区域经济的共同发展。

"千村公司"注重品牌建设和市场推广,利用自身的专业优势和资源网络,为永安村和其他乡村提供全方位的品牌建设和市场推广服务。通过打造具有地方特色的农产品品牌和旅游品牌,提高乡村的知名度和影响力,吸引更多的游客和投资者前来参观和投资。"千村公司"注重资源整合和协同发展,通过整合乡村运营生态企业、梳理乡村运营各类资源、总结乡村运营体系等方式,建立起数字化模型,对外输出"运营体系+数字化系统+共享资源",推动区域经济的共同发展。同时,它还积极与高校、科研机构等合作,引入先进的科研成果和技术手段,为乡村发展提供智力支持和技术保障。通过成立"千村公司",永安村实现了乡村治理模式的创新和实践,这一模式不仅推动了乡村经济的多元化发展,还通过资源整合和协同发展,提高了乡村的整体竞争力和可持续发展能力;这一模式还为其他乡村提供了可借鉴的经验和启示,推动了乡村振兴战略的深入实施。

(三) 实施成效

1. 永安村强村公司年营业额显著提升,村集体经营性收入大幅增加

刘松担任乡村 CEO 以来,通过一系列创新举措,成功推动了永安村强村公司的快速发展。强村公司作为永安村集体经济的重要组成部分,年营业额的显著提升,直接反映了乡村治理模式创新实践的经济成效。

刘松注重市场调研和产品开发,根据市场需求和永安村的资源禀赋,精准定位了公司的主营业务和发展方向。他带领团队深入调研市场,了解消费者需求,结合永安村的农业特色和文化底蕴,开发了一系列具有市场竞争力的农产品和旅游服务产品。这些产品的成功推出,不仅丰富了公司的产品线,还提高了公司的市场竞争力,从而带动了年营业额的显著提升。刘松还注重品牌建设和市场营销,他深知品牌是企业发展的核心竞争力,因此投入大量精力进行品牌策划和宣传推广。通过打造具有永安村特色的农产品品牌和旅游品牌,公司不仅提高了知名度和影响力,而且吸引了更多客户和投资者的关注。同时,他还积极拓展销售渠道,线上线下相结合,拓宽了公司的市场空间,进一步提升了年营业额。在刘松的带领下,永安村强村公司的年营业额实现了跨越式增长,村集体经营性收入也随之大幅增加,不仅为永安村提供了稳定的经济来源,还为乡村的基础设施建设、公共服务提升和民生改善提供了有力保障。

2. 村民人均年收入显著提高,生活水平得到改善

乡村治理模式创新实践的另一个重要成效是村民人均年收入的显著提高和生活水平的改善。刘松深知,乡村发展的最终目的是让村民受益,因此他始终将村民的利益放在首位,通过一系列措施促进村民增收致富。

一方面,刘松积极引导村民参与乡村产业的发展。他鼓励村民利用自家的土地、房屋等资源,发展农家乐、民宿等旅游产业,为游客提供住宿、餐饮等服务。同时,他还组织村民参加技能培训,提高他们的就业能力和创业水平。这些举措不仅为村民提供了更多的就业机会和收入来源,还激发了他

们的创业热情和创新精神。另一方面，刘松注重村民的福利保障和权益保护。他推动并建立了完善的村民福利制度，为村民提供了医疗、养老等社会保障服务。同时，他还积极维护村民的合法权益，处理村民之间的纠纷和矛盾，营造了和谐稳定的乡村环境。在刘松的带领下，永安村村民的人均年收入实现了显著增长，生活水平得到了明显改善，村民们住上了宽敞明亮的房子，用上了现代化的生活设施，享受到了更加便捷、舒适的公共服务，他们的精神文化生活也更加丰富多彩，幸福感、获得感和安全感都得到了极大提升。

3. 永安村成为杭州乃至整个浙江乡村运营最成功的案例之一

刘松引领的乡村治理模式创新实践不仅取得了显著的经济和社会效益，还为杭州乃至整个浙江的乡村运营提供了宝贵经验和示范借鉴，永安村的成功经验被广泛传播和推广，成为了乡村振兴的典范和标杆。

永安村的成功在于其坚持走特色化发展道路，充分挖掘和利用自身的资源禀赋和优势条件，刘松注重将农业、文化、旅游等产业有机融合，打造具有永安村特色的农文旅融合发展模式，这一模式不仅提高了乡村的产业附加值和市场竞争力，还推动了乡村经济的多元化发展。永安村的成功还在于其注重创新和实践相结合，刘松敢于突破传统思维束缚，勇于尝试新的发展理念和模式，他带领团队积极探索乡村治理的新路径、新方法，不断推动乡村治理体系和治理能力现代化。此外，永安村的成功还在于其注重村民的参与和共享，刘松深知村民是乡村发展的主体和力量源泉，因此他始终将村民的利益放在首位，鼓励村民积极参与乡村建设和发展。通过村民的共同努力和奋斗，永安村实现了从贫穷落后到繁荣富强的华丽转身。

二、杭州市余杭区青山村"乡村 CEO"杨环环引领的乡村治理模式创新实践

（一）案例背景

1. 青山村的基本情况与发展特色

青山村位于杭州市余杭区黄湖镇，地处杭州西北部，三面环山，南面丘

陵蜿蜒，总面积15.6平方公里，人口有2662人，森林覆盖率高达79.9%。这一得天独厚的地理位置和自然环境为青山村的发展奠定了坚实基础。然而，在20世纪80年代至21世纪初，由于村民大量使用化肥和除草剂种植毛竹林，导致龙坞水库等水源地受到了严重污染，水质下降至劣五类，对周边生态环境和饮用水安全构成了严重威胁。

面对严峻的环境挑战，青山村开始积极探索绿色发展之路。2015年，大自然保护协会（TNC）联合万向信托等合作伙伴，在青山村成立了"善水基金"信托，通过流转村民手中的林地承包经营权，集中管理毛竹林，实施生态修复与保护措施。这一举措不仅有效改善了龙坞水库的水质，还吸引了众多设计师、公益志愿者、手工艺人等"新村民"入驻青山村，开启了艺术设计赋能的绿色发展之路。

近年来，青山村依托其独特的自然风光和丰富的生态资源，逐步形成了以自然保护、传统手工艺、文创、生态旅游度假为主的三大特色产业。融设计图书馆、西湖绸伞、1826摄影博物馆、青山剧场、青山自然学校等20余家艺术产业项目相继入驻，为青山村注入了新的活力和动力。同时，青山村还积极推动生态旅游业的发展，开发了各类生态体验项目、举办了节庆活动，吸引了大量游客前来观光体验。

2. 青年"乡村CEO"杨环环的引进与选拔过程

在青山村绿色发展的道路上，青年"乡村CEO"杨环环的引进与选拔无疑是一个重要的里程碑。杨环环，一位来自湖南常德的"90后"姑娘，以其丰富的文旅工作经验和深厚的乡村情怀，成为了引领青山村乡村治理模式创新实践的关键人物。杨环环的引进与选拔过程体现了余杭区在乡村振兴和人才引进方面的前瞻性和创新性。随着乡村振兴战略的深入实施，余杭区深刻认识到乡村职业经理人对于推动乡村发展的重要作用。为了吸引更多优秀人才投身乡村建设，余杭区启动了乡村职业经理人招聘计划，面向全国广发"英雄帖"。杨环环凭借其在文旅领域的丰富经验和深厚的专业素养，成功应聘成为青山村的乡村职业经理人，她的引进不仅为青山村带来了先进的管理理念和运营模式，还为青山村注入了新的活力和动力。

第二章　青年"乡村CEO"赋能浙江农业农村现代化的实践探索

在选拔过程中，余杭区注重考察应聘者的综合素质和专业能力，不仅对应聘者的学历背景、工作经验等方面进行严格筛选，还特别注重考察应聘者的乡村情怀和责任感。杨环环以其对乡村的深厚感情和强烈的社会责任感，赢得了选拔委员会的青睐和信任。此外，余杭区还为乡村职业经理人提供了一系列政策支持和保障措施，包括提供基本年薪、年度考核奖励、住房补贴等福利待遇，以及搭建运营团队、提供资源支持等。这些措施不仅有效激发了乡村职业经理人的工作积极性和创造力，还为他们的职业发展提供了广阔的空间和舞台。杨环环的引进与选拔过程不仅为青山村带来了优秀的管理人才，也为余杭区乃至整个浙江省的乡村职业经理人队伍建设提供了宝贵经验和示范借鉴，她的成功实践证明了乡村职业经理人在推动乡村治理和产业发展方面的重要作用和价值，也为其他乡村在引进和选拔优秀人才方面提供了有益参考和启示。

（二）创新实践内容

1. 依托艺术设计和公益文化做文章

在杭州市余杭区青山村的乡村治理模式中，"乡村CEO"杨环环的创新实践体现在她依托艺术设计和公益文化进行乡村发展的战略规划上。青山村，位于杭州市余杭区黄湖镇东北部，三面环山，森林覆盖率高达79.9%，是一个典型的山区村落。然而，在杨环环到来之前，青山村虽然环境优美，但缺乏明确的产业发展方向和有效的治理手段。杨环环，作为一名具有旅游管理专业背景的"90后"青年，凭借其敏锐的市场洞察力和对乡村发展的独到见解，将艺术设计和公益文化作为青山村发展的两大支柱。

杨环环充分利用青山村的自然资源和文化积淀，通过艺术设计对村内老旧建筑进行改造和再利用。例如，将20世纪70年代建造的东坞礼堂改建为全国首家传统材料图书馆——融设计图书馆，该图书馆不仅收藏了全国各地、各民族的传统材料上千件，还持续开展生态环保材料及传统手工艺的主题研究，吸引了大量设计师、环保主义者前来参观学习，这一举措不仅提升了青山村的文化品位，还为村民提供了就业机会和增收渠道。杨环环还引导村民利用闲置房屋、工艺技能等,为公益访客、研学团队、旅游团队提供餐饮住宿、手工艺教学等服务,形成了独特的"自然好邻居计划",这一计划不仅促进了村民与访客之间的互动交流,还增强了村民的环保意识和参与乡村发展的积极性。

在公益文化方面,杨环环注重培养村民的公益意识和环保理念。她通过举办各种公益活动和环保宣教活动,引导村民参与水源地保护、垃圾分类、文明公筷等环保行动。同时,她还鼓励村民将餐饮住宿收入的5%~10%捐赠给可持续的水源保护项目,形成了商业反哺公益的良性循环。这种公益文化的培育不仅提升了青山村的整体形象,还为青山村的可持续发展奠定了坚实基础。

2. 推动乡村旅游与艺术产业的融合发展

杨环环在青山村的乡村治理模式中,还积极推动乡村旅游与艺术产业的融合发展,她认为,乡村旅游和艺术产业是相互依存、相互促进的。艺术产业的引入和发展,可以丰富乡村旅游的内涵和提升其吸引力;而乡村旅游的繁荣又可以带动艺术产业的消费增长。

在推动乡村旅游与艺术产业的融合发展方面,杨环环采取了多种措施,她积极引进各类艺术产业项目入驻青山村。例如,引进融设计图书馆、西湖绸伞、1826摄影博物馆、青山剧场、青山自然学校等20余家艺术产业项目,形成了以美学教育、非遗手工艺研学为代表的产业集群。这些艺术产业项目的入驻不仅为青山村带来了丰富的文化活动和旅游资源,还为村民提供了多样化的就业机会和增收渠道。

杨环环注重提升乡村旅游的品质和服务水平,通过优化乡村旅游的配套设施和服务流程,提高游客的满意度和忠诚度。例如,她推动建设了访客中心、足球场、生态公园等公共配套项目,为游客提供了便捷的旅游服务和舒适的旅游环境,还鼓励村民利用闲置房屋和工艺技能为游客提供餐饮住宿、手工艺教学等配套服务,形成了独特的乡村旅游体验。杨环环还注重推动乡村旅游与艺术产业的互动融合,她通过举办各种艺术展览、非遗体验、摄影培训、戏曲文艺等群众性文艺活动,促进了游客与艺术产业的互动交流和消费增长。同时,她还推动乡村旅游与艺术产业的跨界合作和创新发展,形成了独特的乡村旅游发展模式。

3. 打造特色品牌

在青山村的乡村治理模式中,杨环环还注重打造特色品牌,提升青山村的知名度和影响力。她认为,品牌是乡村发展的核心竞争力之一,只有打造出具有独特魅力和影响力的品牌,才能在激烈的市场竞争中脱颖而出。

在打造特色品牌方面,杨环环采取了多种措施,她注重挖掘和传承青山村的文化传统和历史底蕴,通过举办各种文化节庆活动和传统手工艺展示活动,让游客深入了解青山村的文化特色和历史传承,还推动将青山村的文化元素融入乡村旅游和艺术产业中,形成了独特的文化品牌。杨环环注重提升青山村的旅游形象和服务品质,通过优化乡村旅游的配套设施和服务流程,提高游客的满意度和忠诚度,还积极推动青山村的数字化治理和信息化建设,提升了青山村的治理效率和服务水平。这些措施的实施不仅提升了青山村的旅游形象和服务品质,还为青山村的可持续发展奠定了坚实基础。

此外,杨环环还注重推动青山村的品牌传播和营销推广,通过运用新媒体和社交媒体等渠道,广泛宣传青山村的旅游资源和文化特色,还积极与旅行社、酒店、景区等合作伙伴建立战略合作关系,共同推广青山村的旅游品牌,这些措施的实施不仅提升了青山村的知名度和影响力,还为青山村的经济发展注入了新的活力。

(三) 实施成效

1. 青山村引进各类业态近30家,为村民提供就业岗位近300个

杨环环深知乡村振兴的关键在于产业的兴旺,因此,她积极招商引资,通过优化营商环境、提供政策支持等方式,成功吸引了近30家各类业态入驻青山村。这些业态涵盖了艺术设计、公益文化、乡村旅游、手工艺制作等多个领域,不仅丰富了青山村的产业结构,也为村民提供了多样化的就业机会。具体来说,这些入驻的业态为青山村带来了大量的工作岗位。例如,融设计图书馆、西湖绸伞制作工坊、1826摄影博物馆等项目,不仅需要专业的设计人员、管理人员，还需要大量的服务人员、手工艺人等。这些岗位的设立，不仅解决了青山村部分村民的就业问题，也吸引了周边地区的劳动力前来务工，进一步促进了青山村的经济活力和人口流动。更重要的是这些业态的入驻和发展，为青山村培养了一批具有专业技能和创业精神的人才，他们通过在这些业态中工作和学习，逐渐掌握了相关的技能和知识，为青山村的未来发展储备了宝贵的人力资源，这些人才也成为了青山村对外交流和合作的桥梁，为青山村提供了更多的资源和机会。

2. 乡村旅游与艺术产业融合发展取得显著成效，吸引了大量游客和投资者

杨环环深刻认识到乡村旅游与艺术产业的融合发展是青山村实现乡村振兴的重要途径。因此，她积极推动两者之间深度融合，通过举办各种艺术展览、文化节庆活动、手工艺体验等方式，将青山村的自然风光、文化底蕴和艺术氛围有机结合起来，形成了独特的乡村旅游产品。这一创新举措取得了显著成效。一方面，青山村的乡村旅游产品因其独特性和吸引力，吸引了大量游客前来观光旅游。他们在这里可以欣赏到美丽的自然风光、体验到丰富的文化活动、感受到浓厚的艺术氛围，享受到了与众不同的乡村旅游体验。这不仅提升了青山村的知名度和美誉度，也为青山村带来了可观的经济收益。另一方面，乡村旅游与艺术产业的融合发展也吸引了大量投资者的关注。他们看到了青山村的发展潜力和投资价值，纷纷前来考察和投资。这些投资者的涌入，为青山村提供了更多的资金支持和资源保障，推动了青山村的产业升级和经济发展。

3. 乡村特色品牌影响力逐渐扩大，村集体和村民的收入得到增加

在杨环环的引领下，青山村注重打造具有乡村特色的乡村品牌，他们通过挖掘和传承青山村的文化传统和历史底蕴，结合现代设计理念和市场需求，成功打造了一系列具有青山村特色的品牌产品和服务。这些品牌产品和服务不仅受到了游客和消费者的喜爱和认可，也逐渐在市场上形成了良好的口碑和影响力。随着乡村特色品牌影响力的逐渐扩大，青山村的知名度和美誉度不断提升，为青山村带来了更多的游客和消费者，也推动了青山村相关产业的发展和壮大，这些品牌产品和服务也为村集体和村民带来了可观的经济收

益，他们通过销售这些产品和服务，实现了收入的增加和生活水平的提高。此外，乡村特色品牌的打造还提升了青山村的整体形象和品牌价值，使得青山村在对外交流和合作中更具竞争力和影响力，也为青山村的未来发展奠定了坚实的基础。

第三章 青年"乡村 CEO"与浙江农业科技创新

第一节 农业科技创新在农业农村现代化中的核心地位

一、科技创新是农业现代化的战略支撑

(一) 科技创新提高农业生产效率

1. 技术革新与生产效率的提升

科技创新通过技术革新,显著提高了农业生产效率。在农业生产中,一系列高新技术的应用,如精准农业技术、智能灌溉系统、农业无人机等,极大地改变了传统的农业生产方式。精准农业技术利用全球定位系统(GPS)、地理信息系统(GIS)和遥感技术(RS)等手段,实现了对农田的精准测绘和监测,从而能够根据土壤肥力、水分、作物生长状况等信息,精准地进行施肥、灌溉、播种和病虫害防治等作业。这种精准化的管理方式,避免了资源的浪费,显著提高了农业生产的效率和质量。

智能灌溉系统则是根据土壤湿度、气象条件和作物需水规律,自动调节灌溉水量和时间,实现了水资源的高效利用。农业无人机则通过快速高效地完成农田测绘、病虫害监测、施肥和喷药等任务,进一步提高了农业生产的

效率，如图3-1所示。这些高新技术的应用，不仅提高了农业生产效率，还降低了生产成本，为农业的可持续发展注入了新的活力。

图 3-1　农业无人机喷洒

2. 生物技术与作物品种的改良

生物技术的快速发展，为农业生产提供了更为广阔的创新空间。基因编辑、转基因、细胞工程等生物技术的应用，使得农作物的品种改良成为可能。通过基因编辑技术，科学家可以精准地改良农作物的基因，从而培育出具有优良性状的新品种。例如，编辑水稻的基因，使其具有抗稻瘟病的能力，减少了病害对产量的影响；编辑番茄的基因，使其果实更加耐储存，延长了货架期。这些优良品种的推广，不仅提高了农作物的产量和品质，还增强了农作物的抗逆性和适应性，为农业的可持续发展奠定了坚实基础。同时，生物技术的应用还促进了农作物育种方式的变革，传统的农作物育种方式往往耗时长、效率低，而生物技术的应用则使得育种工作更加高效、精准。通过基因测序、分子标记辅助选择等现代生物技术手段，科学家可以更加准确地筛选和培育出具有优良性状的农作物品种，从而提高了农业生产效率，促进了农业现代化的进程。

(二) 科技创新提升农产品品质和市场竞争力

1. 科技创新改良农产品品种，提升内在品质

农业科技的创新，特别是生物技术的快速发展，为农产品品种的改良提供了前所未有的机遇。通过基因编辑、转基因技术等现代生物技术手段，科学家们能够精准地改良农作物的遗传信息，培育出具有优良性状的新品种，这些新品种不仅在产量上有所突破，更重要的是在品质上实现了显著提升。例如，在水果种植领域，通过基因工程技术，可以培育出含糖量更高、口感更佳、耐贮藏性更强的水果品种，这些优质水果不仅满足了消费者对美味和健康的需求，也延长了水果的保鲜期，降低了运输和储存过程中的损耗，提高了农产品的附加值。在粮食作物方面，科技创新同样发挥了重要作用，通过选育高产、优质、抗逆性强的作物品种，不仅提高了粮食作物的产量，还改善了其营养价值。这些优质粮食作物不仅满足了人们对基本食物的需求，还为食品加工业提供了更多优质的原料，推动了农产品产业链的延伸和拓展。

2. 科技创新优化农业生产管理，确保农产品质量安全

除改良农产品品种外，科技创新还在农业生产管理方面发挥了重要作用，通过引入智能农业技术、精准农业理念等现代农业生产管理方式，可以实现对农业生产过程的精准控制和科学管理，从而确保农产品的质量安全。

智能农业技术，如物联网、大数据、人工智能等，为农业生产提供了全新的管理手段。通过物联网技术，可以实时监测农田的环境参数，如土壤湿度、温度、光照强度等，为农作物提供最优的生长环境。通过大数据技术，可以对海量农业数据进行挖掘和分析，为农业生产提供决策支持。通过人工智能技术，可以应用于农作物的病虫害诊断、生长状况预测等方面，提高农业生产的智能化水平。精准农业理念则强调根据农田的实际情况和作物的生长需求，进行精准施肥、灌溉、病虫害防治等作业。这种精准化的管理方式不仅提高了农业生产的效率和质量，还减少了化肥、农药等农业投

入品的使用量,降低了农业生产对环境的污染,确保了农产品的绿色和安全。

科技创新在农产品加工技术方面的应用,也进一步提升了农产品的市场竞争力。通过引入现代加工技术和设备,可以对农产品进行深加工和精加工,提高其附加值和市场竞争力。例如,通过超高压技术、冷冻干燥技术等现代加工技术,可以保留农产品的原有营养成分和风味,提升其品质和口感。这些优质加工农产品不仅满足了消费者对高品质食品的需求,还拓展了农产品销售的市场渠道和空间。

(三) 科技创新解决农业生产中遇到的问题

1. 科技创新缓解资源约束,提高资源利用效率

农业生产对土地、水、肥料等资源的依赖程度较高,而资源的有限性使得农业生产面临着严峻的资源约束。科技创新通过研发和推广节水灌溉技术、精准施肥技术、高效利用土地资源技术等,有效缓解了这一矛盾。

节水灌溉技术,如滴灌、喷灌等,能够根据作物的生长需求和土壤的水分状况,精准地控制灌溉水量和时间,大大提高了水资源的利用效率。精准施肥技术通过测土配方施肥、叶面喷施等方式,实现了肥料的精准施用,减少了肥料的浪费,提高了肥料的利用率。同时,科技创新还推动了土地资源的高效利用,如通过土地整治、农田基本建设等措施,改善了土地的生产条件,提高了土地的产出能力。

2. 科技创新防治病虫害,保障农产品安全

病虫害是农业生产中的一大难题,不仅影响农产品的产量和质量,还可能对生态环境造成破坏。科技创新在病虫害防治方面发挥了重要作用。通过研发和推广生物防治技术、物理防治技术、化学防治技术的集成应用等,有效地控制了病虫害的发生和蔓延。

生物防治技术利用天敌、微生物等自然因素来控制病虫害,减少了化学农药的使用量,降低了农药残留对农产品和生态环境的影响。物理防治技术通过利用光、热、电等物理因素来杀灭或驱赶害虫,具有环保、无害

的优点。化学防治技术的集成应用,是在保证防治效果的前提下,尽量减少化学农药的使用量,降低对环境和人体的危害。此外,科技创新还推动了病虫害监测预警系统的建设和完善,通过实时监测病虫害的发生情况,及时发布预警信息,指导农民采取防治措施,有效地控制了病虫害的扩散和蔓延。

3. 科技创新应对气候变化,增强农业适应能力

气候变化对农业生产的影响日益显著,如极端天气事件频发、气温升高、降水模式改变等,都给农业生产带来了不确定性和风险。科技创新通过研发和推广适应气候变化的农业技术、品种和耕作制度等,增强了农业的适应能力。

例如,通过选育耐旱、耐涝、抗病虫害的作物品种,提高了作物对极端天气的抵抗能力。通过推广保护性耕作、免耕播种等耕作制度,减少了土壤侵蚀和水分蒸发,提高了土壤的保水保肥能力。同时,科技创新还推动了农业气象服务的发展,为农民提供了更加准确、及时的气象信息,帮助农民合理安排农业生产活动,降低了气候变化对农业生产的影响。

二、科技创新推动农业产业结构优化升级

(一)科技创新促进农业产业链延伸和附加值增加

1. 科技创新推动农业产业链上游的升级

农业产业链上游,即农业生产环节,是农产品价值创造的起点。科技创新在这一环节的应用,不仅提高了农业生产效率,还促进了农产品品质的提升和种类的多样化。通过生物技术的创新,如基因编辑、分子育种等,科学家们能够培育出具有更高产量、更高品质和更强抗逆性的作物新品种。这些新品种的推广和应用,不仅提高了农产品的市场竞争力,还为下游加工环节提供了更多优质的原料选择,从而推动了整个农业产业链的升级。此外,农业机械化、智能化技术的发展也极大地促进了农业产业链上游的升级,智能农机、无人机喷洒、自动化灌溉等技术的应用,不仅提高了农业生产的精准

度和效率,还减轻了农民的劳动强度,使得农业生产更加高效、便捷。这些技术的应用,为农业生产环节注入了新的活力,为农业产业链的延伸和附加值的增加提供了有力支撑。

2. 科技创新促进农业产业链中游的增值

农业产业链中游,即农产品加工环节,是农产品价值增值的关键环节。科技创新在这一环节的应用,不仅提高了农产品的加工效率,还丰富了农产品的种类和提升了品质,从而增加了农产品的附加值。

通过食品加工技术的创新,如超高压处理、低温干燥、生物发酵等,农产品可以被加工成各种高附加值的产品。例如,水果可以通过超高压处理制成口感更佳、营养更丰富的果汁;粮食可以通过低温干燥技术制成易于保存、营养损失少的方便食品。这些高附加值产品的开发,不仅提高了农产品的市场竞争力,还为农民带来了更多的经济收益。此外,农业废弃物的资源化利用也是科技创新在农业产业链中游的重要应用,通过生物降解、发酵等技术,农业废弃物可以被转化为有机肥料、生物能源等有价值的产品。这种资源化利用方式,不仅减少了环境污染,还提高了农业生产的可持续性,为农业产业链的延伸和附加值增加提供了新的途径。

3. 科技创新拓展农业产业链下游的市场

农业产业链下游,即农产品销售和市场环节,是农产品价值实现的重要环节。科技创新在这一环节的应用,不仅拓宽了农产品的销售渠道,还提高了农产品的市场竞争力,从而推动了农业产业链的延伸和附加值增加。

电子商务、物联网等现代信息技术在农产品销售中的应用,使得农产品的销售不再受地域限制,消费者可以更加方便地购买到各地的优质农产品。这种销售模式的变革,不仅提高了农产品的流通效率,还降低了销售成本,为农民带来了更多的经济收益。此外,农业科技创新还推动了农业旅游、休闲农业等新兴业态的发展,这些新兴业态将农业与旅游、文化等产业相结合,为农产品提供了更多的销售渠道和市场机会。通过农业旅游、休闲农业等活动,消费者可以亲身体验农业生产过程,了解农产品的种植、加工等环节,从而增强对农产品的信任和认可,提高农产品的市场竞争力。

(二) 科技创新助力农业可持续发展

1. 科技创新促进资源高效利用，提升农业生产效率

资源高效利用是农业可持续发展的重要基石，随着人口增长和经济发展，农业资源短缺问题日益突出，如何通过科技创新提高资源利用效率，成为农业可持续发展面临的重要挑战。

生物技术在农业资源高效利用方面发挥着关键作用，例如，基因编辑技术可以精准改良作物品种，提高作物的光合效率、水分利用效率和养分吸收效率，从而在减少资源投入的同时提高作物产量；微生物发酵技术，可以将农业废弃物转化为生物肥料、生物农药等，实现资源的循环利用。现代农业机械化与智能化技术的应用，可以极大地提高农业生产效率。智能农机装备如无人驾驶播种机、智能收割机等，能够根据作物生长状况和环境条件进行精准作业，减少资源浪费。同时，物联网、大数据、人工智能等技术在农业生产中的应用，可以实现对作物生长环境的实时监测和智能调控，进一步优化资源配置，提高资源利用效率。

2. 科技创新强化生态环境保护，促进农业绿色发展

生态环境保护是农业可持续发展的前提。农业生产活动对生态环境的影响不容忽视，如何通过科技创新减少农业生产对环境的负面影响，实现农业绿色发展，是农业可持续发展面临的重要任务。

农业生态工程技术通过模拟自然生态系统的结构和功能，构建高效、稳定的农业生产系统。例如，生态农业模式如稻鱼共生、林下经济等，通过合理配置作物、动物和微生物，实现资源的循环利用和生态平衡的维护。生态工程技术通过如湿地修复、水土保持等，可以有效改善农业生产环境，提高生态系统的自我恢复能力。农业环境监测与治理技术为农业生产过程中的环境保护提供了有力支持。遥感技术、地理信息系统等可以实时监测农田土壤、水质等环境要素的变化，及时发现并预警环境问题。同时，生物降解技术、污染修复技术等可以有效治理农业生产过程中的污染问题，如农药残留、化肥污染等，保护农业生态环境。

3. 科技创新推动农业经营模式创新，拓宽农业发展空间

农业经营模式的创新是农业可持续发展的重要途径。随着市场需求的变化和科技的进步，传统的农业经营模式已难以满足现代农业发展的需求。科技创新为农业经营模式的创新提供了有力支持。

科技创新推动了农业产业链的整合与延伸。通过引入现代信息技术和物流技术，可以实现农产品从生产到销售的全程可追溯，提高农产品的安全性和市场竞争力。通过农产品深加工技术的创新，可以延长农业产业链，增加农产品的附加值，提高农业的综合效益。此外，通过农业与旅游、文化等产业的融合发展，可以形成新的农业经营业态，如休闲农业、乡村旅游等，拓宽农业发展空间。

科技创新推动了农业社会化服务体系建设，通过引入互联网、大数据等现代信息技术，可以构建高效的农业社会化服务平台，为农民提供便捷、全面的农业服务。例如，农业电商平台可以为农民提供农产品销售服务；农业技术咨询平台可以为农民提供种植、养殖等技术服务；农业金融服务平台可以为农民提供贷款、保险等金融服务。这些服务的提供，降低了农民的生产成本，提高了农业生产效率，促进了农业的可持续发展。

科技创新体系的完善是推动农业可持续发展的关键，通过构建产学研用紧密结合的农业科技创新体系，可以加速农业科技成果的转化和应用。高校、科研机构和企业之间的合作与交流，可以促进农业科技创新资源的共享和优化配置。同时，通过加强农业科技创新人才的培养和引进，可以提高农业科技创新的能力和水平，为农业的可持续发展提供有力的人才保障。

第二节 青年"乡村CEO"推动的农业科技项目实践

一、现代农业种植技术引进与推广

（一）现代化农业种植技术与机器的应用

现代农业种植技术的引进与推广体现在现代化农业种植技术与机器的广泛应用上，随着科技的进步，农业种植领域正经历着深刻的变革。青年"乡

村 CEO"们紧跟时代步伐，积极引进国内外先进的农业种植技术，并结合本地实际情况进行创新与应用。

在作物育种方面，青年"乡村 CEO"引入了分子标记辅助选择、基因编辑等生物技术，提高了作物的抗病虫害能力、耐逆性和产量。例如，通过基因编辑技术，可以精确地对作物基因进行改良，培育出符合市场需求的新品种。这些新品种不仅产量高，而且品质优，极大地提升了农产品的市场竞争力。

在种植管理上，青年"乡村 CEO"广泛应用了智能农业装备和机械化技术。这些技术包括智能播种机、喷灌设备、无人机植保等，实现了从耕种到收获的全链条机械化作业。智能播种机可以精确控制播种深度和密度，确保作物出苗整齐、生长一致；喷灌设备可以根据土壤湿度和作物需水量进行精准灌溉，提高水资源利用效率；无人机植保可以实现快速、均匀的农药喷洒，提高病虫害防治效果。

此外，青年"乡村 CEO"还积极探索物联网、大数据等信息技术在农业种植中的应用。通过安装传感器、摄像头等设备，可以实时采集农田环境数据（如温度、湿度、光照等）和作物生长数据（如株高、叶面积、产量等），为精准农业管理提供科学依据。这些数据可以通过互联网传输到云端服务器，进行存储、分析和处理，为农业生产决策提供有力支持。

（二）农业生产效率的提升与经济效益的增长

现代化农业种植技术与机器的广泛应用，对农业生产效率的提升、农业生产成本的降低、农产品质量的提高和经济效益的增长产生了显著影响。

在农业生产效率方面，现代化农业种植技术和机器的应用大大提高了劳动生产效率。传统农业种植主要依赖人工操作，劳动强度大、效率低。而现代化农业种植技术和机器的应用，使得农民从繁重的体力劳动中解放出来，有更多的时间和精力从事农业生产管理、市场开拓等工作。例如，智能农业装备和机械化技术的应用，使得耕种、灌溉、施肥、收获等环节实现了自动化和智能化，大大缩短了作业时间，提高了作业效率。

在农业生产成本方面，现代化农业种植技术和机器的应用有助于降低生产成本。虽然现代化农业种植技术和机器的购置和维护成本较高，但从长远来看，它们可以显著提高农业生产效率，减少人力成本。此外，通过精准农业管理，可以减少化肥、农药等生产资料的使用量，降低农业生产成本。例如，通过智能施肥系统，可以根据土壤养分含量和作物需肥量进行精准施肥，避免化肥的过量使用，既提高了作物产量和品质，又降低了生产成本。

在农产品质量方面，现代化农业种植技术和机器的应用有助于提高农产品质量。通过应用先进的农业种植技术和机器，可以实现作物的精准种植和科学管理，提高了作物的抗病虫害能力和耐逆性，从而确保农产品的质量和安全。例如，通过基因编辑技术培育出的新品种，不仅产量高，而且品质优，符合市场需求。此外，通过应用智能农业装备和机械化技术，可以实现作物的精准收获和加工处理，提高了农产品的附加值和市场竞争力。

在经济效益方面，现代化农业种植技术和机器的应用为农民带来了实实在在的经济收益。通过提高农业生产效率、降低生产成本和提高农产品质量，农民可以获得更高的经济收益。同时，青年"乡村CEO"们还积极探索农产品的多元化销售渠道和市场拓展策略，进一步提高了农产品的附加值和市场竞争力。例如，通过电商平台、直播带货等新型销售方式，可以将农产品直接销售给消费者，减少中间环节和流通成本，提高农民的经济收益。

二、农业产业融合与多元化发展

（一）农旅结合，打造综合性旅游场所

1. 农旅结合的内涵与意义

农旅结合是一种创新的产业发展模式，打破了传统农业和旅游业之间的界限，将农业生产过程、农村生活体验、农业文化展示等元素融入旅游活动中，为游客提供丰富多样的旅游体验。这种模式不仅有利于挖掘和整合农村丰富的旅游资源，还能有效促进农业产业链的延伸和附加值的提升。通过农旅结合，农村地区的生态环境、田园风光、农耕文化等资源得以充分利用，为游客提供回归自然、体验农事、品味乡土文化的机会，同时也为农民开辟了新的增收渠道。

2. 青年"乡村CEO"在农旅结合中的作用

青年"乡村CEO"作为农村经营管理人才，在推动农旅结合的过程中发挥着重要作用。他们具备敏锐的市场洞察力、创新的经营理念和扎实的农业技术知识，能够结合当地资源特色和市场需求，策划和实施一系列农旅结合项目。例如，一些青年"乡村CEO"利用当地独特的自然风光和农业资源，打造了特色农业观光园、乡村民宿、农家乐等旅游项目，吸引了大量游客前来体验。同时，他们还注重挖掘和传承当地的农耕文化，通过举办农耕文化体验活动、农业知识科普展览等形式，丰富了旅游产品的文化内涵，提升了旅游产品的吸引力和竞争力。

3. 农旅结合的实践案例

以浙江省杭州市余杭区径山村为例，当地青年"乡村CEO"姜伟杰将径山茶辅以美丽乡村建设，打造了"禅茶第一村"。通过整合茶园、竹林、溪流等自然景观和茶文化、禅文化等人文资源，径山村成功吸引了大量游客前来观光旅游、品茶悟禅。此外，姜伟杰还注重提升旅游服务质量，完善旅游配套设施，如建设停车场、游客服务中心、旅游厕所等，为游客提供了便捷舒适的旅游环境。这一农旅结合项目不仅带动了当地茶产业的发展，还促进了农民增收和农村经济的繁荣。

4. 农旅结合面临的挑战与对策

尽管农旅结合具有广阔的发展前景，但在实践过程中也面临着一些挑战。例如，一些农村地区旅游基础设施不完善、旅游服务质量不高、旅游产品同质化严重等问题制约了农旅结合的深入发展。针对这些问题，青年"乡村CEO"可以采取以下对策：一是加强旅游基础设施建设，提升旅游服务质量；二是注重旅游产品的创新和差异化发展，打造具有地方特色的旅游品牌；三是加强与旅游企业、电商平台等合作，拓宽旅游产品的销售渠道和市场空间。

（二）农业产业结构的优化与升级

1. 农业产业结构优化与升级的内涵与意义

农业产业结构的优化与升级是指通过调整农业产业内部结构，促进农业产业之间的协调发展，提高农业综合生产能力和经济效益的过程。这一过程包括农业产业内部各部门之间的比例关系调整、农业产业链条的延伸和附加值的提升等方面。农业产业结构的优化与升级对于推动农村经济发展、促进农民增收、提高农业产业竞争力具有重要意义。

2. 青年"乡村CEO"在农业产业结构优化与升级中的作用

青年"乡村CEO"在推动农业产业结构优化与升级过程中发挥着重要作用。他们具备敏锐的市场洞察力、创新的经营理念和扎实的农业技术知识，能够结合当地资源特色和市场需求，制定科学合理的农业产业发展规划。例如，一些青年"乡村CEO"通过引进新品种、新技术、新模式等手段，推动当地农业产业结构的优化与升级。他们注重发展高效农业、特色农业和品牌农业，提高农产品的附加值和市场竞争力。

3. 农业产业结构优化与升级面临的挑战与对策

尽管农业产业结构的优化与升级具有重要意义，但在实践过程中也面临着一些挑战。例如，一些农村地区的农业产业基础薄弱、农业科技创新能力不足、农业产业融合与多元化发展滞后等问题制约了农业产业结构的优化与升级。针对这些问题，青年"乡村CEO"可以采取以下对策：一是加强农业基础设施建设，提高农业综合生产能力；二是注重农业科技，创新和推广，提高农产品的附加值和市场竞争力；三是促进农业产业融合与多元化发展，促进农业产业链条的延伸和附加值的提升。同时，政府也应加大政策扶持力度，为农业产业结构的优化与升级提供有力保障。

三、智慧农业与智能设备的应用

（一）无人机、直播机等智能设备的应用

1. 无人机在浙江省农业中的应用现状

在浙江省的农业生产中，无人机已经广泛应用于植保作业、农田监测、作物生长监测等多个领域。在植保作业方面，无人机通过搭载喷洒设备，能够实现精准、高效的农药喷洒，与传统的喷洒方式相比，无人机作业不仅提

高了农药的利用率，减少了农药的浪费和环境污染，还能够根据作物的生长情况和病虫害的分布情况，实现定时、定量的精准喷洒。在农田监测方面，无人机通过搭载高清摄像头和传感器，能够实时获取农田的土壤湿度、养分含量、作物生长状况等信息，为农业生产提供精准的决策支持。此外，无人机还可以进行作物生长监测，通过定期巡查，及时发现作物生长过程中出现的问题，如病虫害、营养不良等，为农民提供及时的防治措施。以浙江省的水稻种植区为例，当地农民利用无人机进行植保作业，不仅提高了农药的利用率，减少了农药的浪费和环境污染，还通过无人机获取的农田监测数据，精准地掌握了水稻的生长状况，为后续的田间管理提供了科学依据。这一实践不仅提高了水稻的产量和品质，还降低了生产成本，增加了农民的收入。

2. 直播机在浙江省农业中的应用探索

直播机作为一种新兴的智能设备，也在浙江省的农业生产中得到了应用探索。直播机通过搭载直播设备，能够实时将农业生产现场的画面传输到网络平台上，让消费者能够直观地了解农产品的生产过程和质量情况。这种透明的生产方式不仅提高了消费者对农产品的信任度，还有助于推动农产品的品牌建设和市场推广。在浙江省的水果种植区，当地农民利用直播机在水果采摘过程进行直播，让消费者能够目睹水果的采摘、分拣、包装等过程，这一实践不仅提高了水果的知名度和美誉度，还增加了消费者的购买意愿和忠诚度。

3. 无人机与直播机在浙江省农业中的应用前景与挑战

随着技术的不断进步和成本的逐渐降低，无人机和直播机在浙江省农业中的应用前景将更加广阔。未来，无人机和直播机将更加注重智能化、自动化和集成化的发展，为农业生产提供更加高效、精准和便捷的服务。然而，其在应用过程中也面临着一些挑战和问题。例如，无人机和直播机的成本较高，需要农民投入更多的资金进行购买和维护；同时，农民也需要具备一定的操作技能和知识储备，才能充分发挥这些智能设备的作用。此外，智能设备的应用还需要与当地的农业生产实际相结合，避免盲目引进和资源浪费。

(二) 智慧农业的探索与实践

1. 智慧农业在浙江省的实践案例

在浙江省的多个地区,智慧农业的实践案例层出不穷。以杭州市的某个智慧农业示范园区为例,该园区通过集成应用物联网技术,实现了对农田环境、作物生长状况的实时监测和预警。园区内安装了大量的传感器和设备,能够实时获取农田的土壤湿度、养分含量、光照强度等信息,并通过数据分析为农民提供精准的灌溉、施肥和病虫害防治建议。此外,该园区还利用大数据和人工智能技术,对农业生产数据进行深度挖掘和分析,为农业生产提供更加科学的决策支持。

2. 智慧农业在浙江省的应用成效与经验总结

通过多年的实践探索,智慧农业在浙江省的农业生产中取得了显著的成效。一方面,智慧农业的应用提高了农业生产的精准化和智能化水平,降低了生产成本和劳动强度,提高了农产品的产量和品质;另一方面,智慧农业的应用还促进了农业与电商、旅游等产业的融合发展,为农民带来了更多的经济收益。在经验总结方面,浙江省的智慧农业实践注重技术创新和模式创新。通过集成应用物联网、大数据、人工智能等现代信息技术,实现了农业生产的精准化、智能化和高效化,还注重与当地的农业生产实际相结合,探索出了一套适合本地特色的智慧农业发展模式。此外,浙江省还注重加强政策支持和人才培养,为智慧农业的发展提供了有力的保障。

3. 智慧农业在浙江省的未来发展趋势与对策建议

展望未来,智慧农业在浙江省的发展将呈现出更加广阔的前景。随着技术的不断进步和成本的逐渐降低,智慧农业的应用将更加普及和深入。同时,随着消费者对农产品质量和安全性的要求越来越高,智慧农业的应用也将更加注重品质和安全的保障。为了推动智慧农业在浙江省的进一步发展,浙江省需要采取一系列对策建议,需要加强技术创新和模式创新,不断探索出更加适合本地特色的智慧农业发展模式,加强政策支持和人才培养,为智慧农业的发展提供有力的保障。同时,还需要加强与其他产业的融合发展,推动智慧农业与电商、旅游等产业的深度融合，实现农业生产的多元化和可持续发展。

四、农产品营销与品牌建设

（一）电商直播等新型销售渠道的开拓

随着移动互联网的快速发展和社交媒体的普及，电商直播逐渐成为农产品营销的新型重要渠道，这一模式通过实时互动、直观展示和个性化推荐，极大地改变了农产品传统的销售方式，为农产品营销注入了新的活力。浙江省作为全国电商直播的先行省份，在农产品电商直播领域取得了显著成效，电商直播为农产品提供了一个直接与消费者互动的平台。在直播过程中，主播可以通过试吃、烹饪演示等方式，让消费者直观感受到农产品的新鲜度、口感和营养价值，从而提高消费者的购买意愿。例如，浙江省的一些农产品生产商通过直播介绍当地的特色农产品，如杨梅、龙井茶等，吸引了大量线上观众，有效促进了农产品的销售。

电商直播的实时互动性和个性化推荐功能，有助于农产品精准营销。主播可以根据观众的提问和反馈，及时调整直播内容和营销策略，满足消费者的个性化需求。平台还可以根据用户的浏览历史和购买记录，推送相关的农产品信息和优惠促销，提高转化率。浙江省的一些农产品电商平台，如"网上农博"，该平台通过数据分析工具，深入了解目标市场，实现了农产品的精准营销。此外，电商直播还具有强大的社交传播效应，观众在直播过程中可以通过分享、点赞、评论等方式，将农产品信息迅速传播给更多人，形成口碑效应。这种传播方式不仅扩大了农产品的知名度，还提高了品牌的信誉度和影响力。浙江省的一些农产品品牌，如安吉白茶，该品牌通过直播营销，成功吸引了大量粉丝，提升了品牌的市场占有率。

然而，电商直播在农产品营销中也面临着一些挑战。例如，如何保证农产品在运输过程中的新鲜度和质量，消费者如何建立对电商直播平台和主播的信任等。为了解决这些问题，浙江省的一些电商平台和农产品生产商采取了多种措施。他们通过引入冷链物流系统,确保农产品在运输过程中的新鲜度;通过加强品牌宣传和产品质量监管,提高消费者对农产品的信任度。同时,平台还通过严格的审核机制,筛选和审核主播和产品,确保直播内容的真实性和可信度。

(二) 农产品品牌建设与市场推广

品牌是农产品的社会形象,是提升农产品附加值和竞争力的重要手段。在乡村振兴的背景下,农产品品牌建设与市场推广成为推动农业高质量发展的重要环节。浙江省在农产品品牌建设与市场推广方面取得了显著成效,为其他地区提供了有益的借鉴。浙江省注重农产品品牌的准确定位和形象塑造,根据农产品的地域特色、品质特点和市场需求,其对一些农产品品牌进行了精准定位,明确了品牌的核心竞争力和差异化优势。例如,兰溪市依托国家地标保护工程,大力推进杨梅等具有地理标志的农产品的高质量发展,通过提升品质和品牌形象,成功吸引了大量消费者。浙江省还注重农产品的包装设计和质量,通过统一的包装设计和质量监管,提升了农产品的形象和品质。

浙江省通过多渠道宣传和推广农产品品牌,提高了品牌的知名度和美誉度。一方面,浙江省通过电视、广播、报纸、杂志、互联网等多渠道,加大农产品品牌宣传力度,让更多的消费者了解、认可和信赖农产品品牌。另一方面,浙江省还积极参加国内外知名的农产品展览会,借助展览平台向全球采购商展示农产品品牌的优势和特色,拓展市场份额。例如,"浙江精品绿色农产品"微信公众号、"浙江地理标志农产品"高铁品牌专列等宣传方式,有效提升了浙江农产品品牌的知名度和影响力。此外,浙江省还注重农产品的跨界合作与整合营销策略,农产品与旅游、文化等产业的跨界合作,不仅能够拓宽农产品的销售渠道,还能够增强消费者的品牌体验。例如,浙江省的一些电商平台将农产品与乡村旅游、农家乐等旅游项目相结合,推出体验式营销活动。消费者可以通过在线平台预订乡村旅游套餐,其中包含农产品采摘、加工体验等活动,这不仅增加了农产品的销售,也为消费者提供了独特的旅游体验。

在市场推广方面,浙江省采取了一系列创新策略。一方面,浙江省通过建立农产品电商平台,如"网上农博",方便消费者购买农产品。这些平台不仅提供了丰富的产品信息,还提供了便捷的支付和配送服务,提高了消费者的购买体验。另一方面,浙江省还注重农产品的线下推广活动。通过组织农产品品牌的体验活动、农产品展览展示等活动,增加了消费者对农产品品牌的认知和信任。例如,浙江省的一些农产品生产商通过举办品鉴会、品鉴节等活动,让消费者亲身体验农产品的品质和口感,从而提高了品牌的知名度和美誉度。

然而,农产品品牌建设与市场推广也面临着一些挑战。例如,如何保证农产品的质量稳定性和一致性,如何建立消费者对品牌的长期信任等。为了解决这些问题,浙江省的一些农产品生产商采取了多种措施。他们通过加强农业技术培训和质量监管,提高农产品的品质和稳定性;通过成立完善品牌管理团队和建立健全维权机制,保护农产品的品牌形象和权益。同时,浙江省还注重农产品的品牌创新和差异化发展,通过不断推出新产品和新服务,满足消费者的多样化需求。

第三节　农业科技创新对浙江农业农村现代化的影响机制

一、农业科技创新对浙江农业现代化的影响机制

(一) 提升农业生产效率与效益

1. 农业科技在农业生产中的应用

在浙江农业现代化的进程中,农业科技创新扮演着至关重要的角色。随着现代信息技术、生物技术、智能装备等领域的快速发展,农业科技在农业生产中的应用日益广泛,为提升农业生产效率与增加农业生产效益提供了强有力的支撑。

一方面,智能农业装备的应用显著提高了农业生产的自动化和智能化水平。例如,无人机技术在浙江农业领域的应用已经取得了显著成效。无人机

可以用于害虫防治、土壤分析和无人机图像采集等,通过精准施肥、施药和播种,降低了设备和劳动力成本,提高了农业生产效率。同时,自动化农业机器人和自动驾驶农业机械的广泛应用,也在作物管理、土壤管理和作物收割等任务中发挥了重要作用,进一步提升了农业生产的精准度和效率。

另一方面,农业生物技术和信息技术的发展也为农业生产带来了革命性的变化。基因编辑、生物育种等前沿技术的应用,为浙江农业提供了更多高产、优质、抗病抗逆的新品种,提高了农作物的产量和品质。此外,农业大数据、云计算、物联网等技术的应用,使得农业生产过程中的数据采集、分析和决策变得更加精准和高效。通过实时监测作物生长环境、土壤墒情、病虫害情况等信息,农业生产者可以及时调整种植策略,优化资源配置,从而提高农业生产效益。

2. 科技创新对农业产量与品质的提升作用

农业科技创新对浙江农业产量与品质的提升作用显著,农业科技的进步为农业提供了更多先进的生产资料和技术手段,如化肥、地膜、灌溉设备等,这些生产资料和技术手段的应用显著提高了农业生产的效率和产量。例如,通过精准施肥和灌溉技术,农业生产者可以根据作物的实际需求,合理施用化肥和水分,避免浪费和污染,从而提高农作物的产量和品质。

农业科技创新推动了农作物新品种的培育和推广。通过基因编辑、分子育种等前沿技术的应用,浙江农业已经培育出了一批高产、优质、抗病抗逆的新品种,这些新品种的应用显著提高了农作物的产量和品质。例如,一些具有抗病虫害、耐逆境特性的新品种,不仅减少了农药和化肥的使用量,还提高了农作物的产量和品质,为农业生产者带来了更高的经济效益。此外,农业科技创新还推动了农业生产方式的变革,通过引入智能化、精准化的农业生产方式,浙江农业已经实现了从传统农业向现代农业的转变。例如,通过构建智慧农业大数据综合服务平台,实现农作物在生产过程中全产业链数据采集、全要素的数字化监测与管控,农业生产者可以实时掌握作物的生长情况和市场需求信息,从而及时调整种植策略,优化资源配置,提高农业生产效益。

(二) 促进农业产业结构优化升级

1. 农业科技对农业产业结构的调整作用

农业产业结构优化升级是农业现代化进程中的关键环节，而农业科技作为推动这一进程的核心动力，发挥着至关重要的作用。在浙江农业农村现代化进程中，农业科技的广泛应用和创新不仅促进了农业产业结构的合理调整，还显著提升了农业的整体效益和竞争力。

农业科技的应用显著提高了农业生产效率，通过引入先进的农业技术，如机械化种植、智能灌溉、精准施肥等，浙江农业实现了从粗放型向集约型、从经验型向科学型的转变。这些技术的应用使得农业生产过程更加高效、省时、省力，有效减轻了农业劳动者的负担，提高了生产效益。例如，精准农业技术通过物联网、大数据等先进技术的支持，实现了对农田环境的实时监控和智能调控，从而大幅提高了作物的产量和品质。

农业科技的应用促进了农业产业结构的多元化和高级化。在浙江，随着农业科技的不断发展，农业产业逐渐从单一的种植业向种植业、林业、畜牧业、渔业等多元化方向发展。同时，农业产业链也不断延长，从生产环节向加工、销售、服务等环节拓展，形成了完整的产业链条。这种多元化和高级化的发展模式不仅提高了农业的综合效益，还增强了农业的市场竞争力和抗风险能力。此外，农业科技的应用还推动了农业资源的优化配置。在浙江农业产业结构的调整过程中，农业科技通过提高资源利用效率、减少资源使用量等方式，实现了对农业资源的合理配置。例如，通过发展节水灌溉技术、推广高效肥料等措施，浙江农业有效缓解了水资源短缺和化肥过度使用等问题，促进了农业的可持续发展。

2. 科技创新推动农业新兴产业的发展

随着科技的不断进步和创新，农业新兴产业在浙江农业农村现代化进程中崭露头角，成为推动农业产业升级和转型的重要力量。这些新兴产业不仅具有高技术含量、高附加值的特点，还符合现代消费者对健康、绿色、有机等农产品的需求。

生物技术的创新推动了农业生物产业的发展，在浙江，随着基因工程、细胞工程等现代生物技术的不断发展，农业生物产业逐渐兴起。通过培育转基因作物、开发新型生物农药和生物肥料等措施，浙江农业实现了从传统农业向生物农业的跨越。这些生物技术的应用不仅提高了农作物的抗病抗虫能力，还减少了农药和化肥的使用量，降低了农业生产对环境的污染。

信息技术的创新推动了农业智慧产业的发展，在浙江，随着物联网、大数据、云计算等先进信息技术的广泛应用，智慧农业产业逐渐兴起。通过构建智慧农业平台、推广智能农机具等措施，浙江农业实现了从传统农业向智慧农业的转型。此外，绿色技术的创新推动了农业环保产业的发展，在浙江，随着人们环境保护意识的不断提高，农业环保产业逐渐受到重视。通过发展生态农业、推广循环农业等措施，浙江农业实现了从资源消耗型向资源节约型、环境友好型的转变。这些绿色技术的应用不仅提高了农产品的质量和安全性，还促进了农业与生态环境的协调发展。

（三）增强农业可持续发展能力

1. 农业科技在农业环境保护中的应用

在浙江农业农村现代化的进程中，农业科技创新对农业环境保护的积极作用日益凸显。随着全球气候变化和资源短缺等问题的加剧，农业环境保护已成为农业可持续发展的重要组成部分。农业科技创新为浙江农业环境保护提供了强有力的技术支持。

一方面，农业科技创新推动了农业废弃物的资源化利用。在浙江，农业废弃物的处理曾是一个难题，传统的焚烧或填埋方式不仅浪费了资源，还对环境造成了严重污染。然而，随着生物技术和循环农业理念的兴起，农业废弃物被赋予了新的价值。例如，通过生物发酵技术，农业生产者可以将畜禽粪便、农作物秸秆等废弃物转化为有机肥料，不仅减少了化肥的使用量，还提高了土壤肥力，降低了环境污染。此外，一些农业科技企业还研发出了农业废弃物能源化利用技术，将废弃物转化为生物质能源，进一步推动了农业的可持续发展。

另一方面，农业科技创新为农业面源污染的治理提供了新途径。农业面源污染是农业环境保护中的一大难题，传统的治理方式往往效果有限且成本高昂。然而，随着精准农业技术的发展，农业面源污染的治理变得更加精准和高效。例如，通过智能传感器和大数据分析技术，农业生产者可以实时监测农田中的水质、土壤养分和农药残留等情况，为农业面源污染的治理提供了科学依据。同时，一些农业科技企业还研发出了生态拦截技术和生物修复技术，有效地减少了农田中的氮、磷等营养元素的流失，降低了水体富营养化的风险。

2. 科技创新对农业资源高效利用的支持

农业科技创新对浙江农业资源高效利用的支持作用显著。随着人口增长和城市化进程的加速，农业资源短缺问题日益凸显。然而，通过农业科技创新，浙江农业实现了资源的高效利用，为农业可持续发展奠定了坚实基础。

一方面，农业科技创新推动了农业灌溉技术的革新。传统的灌溉方式往往存在水资源浪费严重的问题，而精准灌溉技术的应用则有效解决了这一问题。例如，滴灌、喷灌等新型灌溉技术可以根据作物的实际需水量进行精准灌溉，避免了水资源的浪费。智能灌溉系统的应用还可以实现灌溉的自动化和远程监控，进一步提高了灌溉效率，一些农业科技企业还研发出了雨水收集与再利用系统，将雨水收集起来用于农业灌溉，实现了水资源的循环利用。

另一方面，农业科技创新推动了农业肥料和农药的精准施用。传统的肥料和农药施用方式往往存在过量使用的问题，不仅浪费了资源，还对环境造成了污染。然而，随着测土配方施肥技术和精准施药技术的发展，农业肥料和农药的施用变得更加精准和高效。例如，通过土壤检测和分析技术，农业生产者可以了解土壤的养分状况和病虫害情况，为肥料和农药的精准施用提供了科学依据。一些农业科技企业还研发出了智能施肥和施药机械，实现了肥料和农药的精准施用和远程监控，进一步提高了资源利用效率。

此外，农业科技创新还推动了农业种植结构的优化。通过引进和培育高产、优质、抗病的农作物新品种，浙江农业实现了种植结构的优化和升级。这些新品种不仅提高了农作物的产量和品质，还降低了对农业资源的依赖和消耗。同时，一些农业科技企业还研发出了农业智能决策支持系统，为农业生产者提供了科学的种植建议和管理方案，进一步推动了农业资源的高效利用。

二、农业科技创新对浙江农村现代化的影响机制

（一）推动农村经济发展与农民增收

1. 农业科技对农村经济的带动作用

在浙江农业农村现代化的进程中，农业科技创新作为关键驱动力，对农村经济发展起到了显著的带动作用。这种带动作用不仅体现在农业生产效率的提升上，更体现在其深刻地影响了农村经济的整体结构和增长模式。

农业科技创新通过提高农业生产效率，直接促进了农村经济的增长。在浙江，农业科技创新的应用广泛涉及了作物育种、种植技术、病虫害防治、农业机械化等多个领域。例如，通过基因编辑技术培育出的高产、抗病虫害的作物新品种，不仅显著提高了单位面积的产量，还减少了农药和化肥的使用量，降低了生产成本。同时，农业机械化的发展，如智能收割机、播种机等自动化机械设备的广泛应用，极大提高了农业生产效率，使得农民能够在相同的时间内完成更多的农业生产任务，从而增加了农业产出。这种生产效率的提升，为农村经济的快速增长提供了坚实的基础。

农业科技创新推动了农村产业结构的优化升级，进一步拓宽了农村经济的增长路径。随着消费者对高品质、绿色健康农产品的需求日益增长，农业科技创新在推动农产品深加工、农村电商、乡村旅游等新兴业态的发展中发挥了关键作用。在浙江，许多农村地区通过发展农产品加工业，将原材料转化为市场需求更高的深加工产品，如果汁、果干、调味品等，延长了农业产业链条，提高了农产品的附加值。农村电商的蓬勃发展使得农产品可以直接对接消费者，减少了中间环节，提高了农产品的销售效率，为农村经济的多元化发展开辟了新渠道。乡村旅游的兴起，则是因其充分利用了农村的自然和文化资源，吸引了大量城市游客，从而带动了农村餐饮、住宿等相关产业

的发展。农业科技创新还通过促进城乡融合发展，为农村经济的持续增长提供了有力支撑，随着互联网、物联网等信息技术手段在农村地区的广泛应用，城乡之间的信息传递速度和资源流动性得以加强，城乡差距逐渐缩小。这种城乡融合发展的模式，不仅有助于改善农民的生活质量，还为农村经济的持续增长提供了广阔的市场空间和丰富的资源。

2. 科技创新促进农民收入增长的途径

农业科技创新不仅是农村经济发展的重要推动力，也是促进农民收入增长的关键途径。在浙江，农业科技创新通过多种途径直接或间接地提高了农民的收入水平。

农业科技创新通过提高农业生产效率，直接增加了农民的农业收入，如前所述，农业科技创新的应用显著提高了农作物的产量和品质，降低了生产成本，使得农民能够在投入相同的情况下获得更多的产出。这种产出的增加直接转化为农民农业收入的增长。农业科技创新推动了农村产业结构的优化升级，为农民提供了更多增收渠道，随着农村电商、乡村旅游等新兴业态的发展，农民可以通过参与这些新兴产业获得额外的收入。例如，通过开设网店销售自家农产品，农民可以直接对接消费者，提高了农产品的销售价格，增加了销售收入。乡村旅游的发展也为农民提供了就业机会，如农家乐、民宿等，进一步拓宽了农民的增收渠道。

农业科技创新通过提高农产品的附加值，间接促进了农民收入的增长。通过发展农产品深加工，将原材料转化为市场需求更高的深加工产品，农民可以获得更高的销售价格，从而增加收入。农业科技创新还催生了新的商业模式，如农村电商、农产品定制等，这些新模式通过提高农产品的销售效率和满足消费者的个性化需求，进一步提高了农产品的附加值和农民的收入水平。农业科技创新还通过促进农民科学素质的提升，为农民增收提供了持久动力，随着农业科技的不断创新，农民需要不断学习和掌握新的农业技术和管理模式。这种学习和掌握的过程，不仅提高了农民的科学素质，还增强了他们的市场竞争力和创新能力。这种市场竞争力和创新能力的提升，使得农民能够更好地适应市场需求的变化，提高农产品的质量和附加值，从而实现收入的持续增长。

(二) 促进农村社会进步与文明建设

1. 农业科技对农村社会生活的影响

农业科技创新在浙江农村社会生活中的应用,极大地提升了农村居民的生活品质与幸福感。农业科技的进步促进了农村经济的多元化发展,通过引入先进的农业技术和管理模式,农村居民得以从传统的农业生产中解放出来,参与到更加多元化和高效的经济活动中。例如,农业电商、乡村旅游、农产品加工等新业态的兴起,为农村居民提供了更多的就业机会和收入来源,促进了农村经济的繁荣与发展。这种经济多元化不仅提高了农村居民的生活水平,还增强了他们的社会归属感和幸福感。

农业科技创新改善了农村居民的生活条件,随着农业机械化、智能化的推进,农村居民从繁重的体力劳动中解放出来,有更多的时间和精力去关注自身的生活品质。例如,智能农业装备的应用,如自动灌溉系统、无人机喷洒农药等,不仅提高了农业生产效率,还减轻了农民的劳动强度,使他们能够享受到更加轻松和舒适的生活。农业科技的进步还推动了农村基础设施的改善,如道路、水电、通信等,为农村居民提供了更加便利的生活条件。农业科技创新促进了农村社会的和谐稳定,通过引入先进的农业技术和管理模式,农村居民得以更加精准地管理农田和畜牧业,减少了因自然灾害和市场波动带来的损失。这种稳定性不仅提高了农村居民的收入水平,还增强了他们对政府的信任和支持,促进了农村社会的和谐稳定。

2. 科技创新推动农村文化教育事业的发展

科技创新对浙江农村文化教育事业的发展起到了重要的推动作用。农业科技的进步促进了农村教育资源的优化配置,随着信息技术的普及和应用,农村居民得以通过远程教育、在线学习等方式获取更多的教育资源和知识。例如,一些农业科技企业利用大数据、云计算等信息技术手段,为农村居民提供了个性化的学习方案和教育资源,提高了他们的学习能力和素质。这种教育资源的优化配置不仅丰富了农村居民的知识储备,还增强了他们的就业竞争力。

农业科技创新推动了农村教育模式的变革，传统的农村教育模式往往注重知识的传授和应试能力的培养，而忽视了对学生实践能力和创新能力的培养。然而，随着农业科技的进步和应用，农村教育模式开始发生变革。例如，一些农业科技企业利用虚拟现实、增强现实等先进技术手段，为农村居民提供了更加直观和生动的学习体验。这种教育模式的创新不仅提高了农村居民的学习兴趣和学习效果，还增强了他们的实践能力和创新能力。

农业科技创新促进了农村文化事业的繁荣与发展，随着农业科技的进步和应用，农村居民得以更加便捷地获取各种文化信息和资源。例如，一些农业科技企业利用互联网平台和文化资源数据库，为农村居民提供了丰富多样的文化产品和服务。这些文化产品和服务不仅丰富了农村居民的精神生活，还增强了他们的文化素养和审美能力。同时，农业科技的进步还推动了农村文化产业的创新和发展，如乡村旅游、农村手工艺等，为农村居民提供了更多的就业机会和收入来源。

（三）提升农村治理能力与水平

1. 农业科技在农村治理中的应用

在浙江农村现代化的进程中，农业科技创新不仅深刻改变了农业生产方式，也逐步渗透到农村治理的各个环节，成为提升农村治理能力与水平的重要力量。农业科技的创新应用，通过引入现代信息技术、物联网、大数据等先进技术手段，为农村治理提供了更为精准、高效、智能的解决方案。

农业科技创新为农村治理提供了更为精准的信息支持。通过卫星遥感、无人机巡查等现代技术手段，农村管理者可以实时监测农村地区的土地利用、生态环境、农作物生长等情况，为农村治理提供了翔实的数据基础。例如，在土地管理方面，卫星遥感技术可以准确获取土地利用变化信息，帮助政府部门及时发现并处理违法用地行为；在生态环境监测方面，无人机巡查可以快速捕捉农村地区的污染源头和生态破坏现象，为环境治理提供科学依据。这些精准的信息支持，使得农村治理决策更加科学、合理。

第三章 青年"乡村CEO"与浙江农业科技创新

农业科技创新促进了农村治理的智能化发展。随着物联网、大数据等技术在农村地区的广泛应用,农村治理逐渐实现了从传统的人工管理向智能化管理的转变。例如,通过在农村安装各类传感器和监测设备,农村管理者可以实时监测农村地区的空气质量、水质、土壤湿度等环境指标,一旦指标异常,系统会自动报警并通知相关部门进行处理。同时,大数据技术的应用还可以对农村治理数据进行深度挖掘和分析,为农村治理提供更为精准的预测和决策支持。此外,农业科技创新还推动了农村治理的透明化和民主化。通过构建农村治理信息化平台,农村治理可以实现村务公开、在线办理、信息查询等突破,使农民能够更方便地了解农村治理的相关信息,参与农村治理的决策过程。例如,通过信息化平台,农民可以实时查看村里的财务状况、项目进展等情况,提出自己的意见和建议。这种透明化和民主化的治理模式,不仅增强了农民对农村治理的满意度和信任感,还提高了农村治理的公信力和权威性。

2. 科技创新对农村治理体系与治理能力的现代化支撑

科技创新不仅为农村治理提供了更为精准、高效、智能的解决方案,还为农村治理体系与治理能力的现代化提供了有力支撑。在浙江农村现代化的进程中,农业科技创新通过推动农村治理体系的创新和完善,提高了农村治理的科学化、规范化、法治化水平。

农业科技创新促进了农村治理体系的创新。随着现代信息技术在农村治理中的广泛应用,农村治理体系逐渐实现了从传统的单一治理主体向多元治理主体的转变。政府、企业、社会组织、农民等多元主体共同参与农村治理,形成了协同治理的新格局。例如,政府可以通过购买服务的方式,委托企业和社会组织参与农村治理的某些环节;农民也可以通过成立合作社等组织形式,参与到农村治理的决策过程中。

农业科技创新提高了农村治理能力的现代化水平。通过引入现代信息技术、物联网、大数据等先进技术手段,农村治理逐渐实现了从传统的经验型治理向科学型治理的转变。同时,农村治理人员也可以通过参加各种培训和学习活动,提高自己的科学素质和治理能力。这种科学型治理的模式,不仅提高了农村治理的精准性和科学性，还增强了农村治理的适应性和灵活性。

此外，农业科技创新还推动了农村治理的法治化进程。通过构建农村治理信息化平台，农村治理可以实现规范化、法治化。例如，政府部门可以利用信息化平台，对农村治理的各个环节进行实时监控和记录，确保农村治理的合法性和规范性；农民也可以通过信息化平台，了解自己的权利和义务，维护自己的合法权益。这种法治化的治理模式，不仅提高了农村治理的公信力和权威性，还增强了农民的法治意识和法律素养。

第四章　青年"乡村 CEO"与浙江农业产业链优化升级

第一节　农业产业链优化升级在农业农村现代化中的机遇挑战

一、农业产业链优化升级面临的机遇

(一) 市场需求机遇

1. 消费者对高品质农产品的需求增长

随着经济的持续发展和人民生活水平的显著提升，消费者的消费观念和消费行为发生了深刻变化。在基本温饱问题得到解决的基础上，消费者开始更加注重农产品的品质、安全、健康属性以及文化内涵。这种对高品质农产品需求的增长，不仅体现在对传统农产品的品质提升上，还体现在对新型、特色、有机、绿色等农产品的追求上。

从经济学角度来看，消费者对高品质农产品的需求增长是收入水平提高、消费结构升级和消费者偏好变化的综合结果。随着收入水平的提高，消费者愿意为更高品质的农产品支付更高的价格，从而为农业生产者提供了提高产品品质和附加值的激励。消费结构的升级也促使消费者更加关注农产品的营

养价值和健康属性，从而推动农业产业链向更加健康、可持续的方向发展。对于浙江农业而言，消费者对高品质农产品的需求增长为其提供了广阔的市场空间。浙江作为经济发达省份，居民消费水平较高，对高品质农产品的接受度和认可度也相对较高。因此，浙江农业产业链可以通过优化产品结构、提高产品品质、加强品牌建设等方式，满足消费者对高品质农产品的需求，进而拓展市场空间，提升产业竞争力。

2. 市场需求变化对农业产业链升级的推动作用

市场需求变化不仅影响着消费者的消费行为和消费偏好，还对农业产业链的优化升级发挥深远的推动作用，随着消费者对高品质农产品的需求增长，农业产业链各环节必须适应市场需求的变化，并进行相应的调整和创新。

一方面，市场需求变化促使农业生产环节更加注重品种改良、技术创新和生态环保。为了满足消费者对高品质农产品的需求，农业生产者必须采用更加先进的种植技术、养殖技术和加工技术，提高农产品的产量和品质。农业生产者还必须注重生态环保，采用可持续的农业生产方式，保护农业生态环境，确保农产品的安全性和可持续性。另一方面，市场需求变化也推动着农业产业链向上、下游延伸和拓展。为了满足消费者对多样化、个性化农产品的需求，农业产业链必须加强与相关产业的协作和融合，形成更加完整的产业链条。例如，通过发展农产品加工业，将初级农产品加工成高附加值的产品；通过发展农村电商、物流配送等现代服务业，将农产品销售市场拓展到更广泛的区域。此外，市场需求变化还促使农业产业链各环节加强协同创新和品牌建设。在激烈的市场竞争中，农业产业链各环节必须加强协同创新，共同应对市场挑战。通过品牌建设，农业产业链可以提升农产品的知名度和美誉度，增强市场竞争力。

（二）科技创新机遇

1. 现代农业技术在产业链中的应用前景

随着科技的飞速发展，现代农业技术已成为推动农业产业链优化升级的重要力量，这些技术不仅涵盖了精准农业、智能农业、生物农业等前沿领域，

第四章　青年"乡村CEO"与浙江农业产业链优化升级

还深刻影响着农业产业链的每一个环节。

在农业生产环节，现代农业技术通过精准农业技术的应用，如智能感知设备实时监测土壤湿度、养分含量、作物生长状况等，为精准管理提供数据支持。这有助于实现精量施肥灌溉，减少资源浪费，提高作物产量与品质。同时，生物技术的应用，如基因编辑技术培育抗病虫害、耐逆境、高产优质的作物新品种，为农业生产带来了革命性的变化。这些技术不仅提高了农业生产效率，还增强了农作物的适应性和抗逆性，为农业产业链的上游环节提供了优质原料保障。

在农产品加工环节，现代农业技术同样发挥着重要作用。例如，采用超微粉碎技术用于谷物、果蔬加工，将原料加工成微米级甚至纳米级的微粒，提高了营养成分的吸收率，并且可以开发新型食品，如营养代餐粉等。此外，生物发酵技术也被广泛应用于农产品加工领域，将农产品加工成高附加值产品，如利用水果发酵生产果酒、果醋；利用谷物发酵生产酵素等功能性食品。这些技术的应用不仅延长了农业产业链，还提高了农产品的附加值和市场竞争力。

在农产品流通环节，现代农业技术同样不可或缺。通过建立农业大数据平台，整合生产、销售、物流等各环节数据，实现农业全产业链的数字化管理。利用AI算法预测市场趋势，指导农业生产决策，降低市场风险。同时，完善的冷链物流体系采用先进的冷链技术，如液氮速冻技术，保证农产品在运输和储存过程中的新鲜度。这些技术的应用不仅提高了农产品流通效率，还保障了农产品的质量和安全。

2. 科技创新对农业产业链效率提升的贡献

现代农业技术的应用提高了农业生产效率，通过精准农业技术和智能农业技术的应用，农业生产实现了精细化管理，减少了资源浪费，提高了作物产量与品质，生物技术的应用增强了农作物的适应性和抗逆性，进一步提高了农业生产效率。现代农业技术促进了农业产业链各环节之间的紧密衔接，通过建立农业大数据平台，实现农业全产业链的数字化管理，各环节之间的信息流通更加顺畅，协同作用更加显著。例如，生产环节可以根据市场需求信息调整生产结构；加工环节可以根据原料供应情况优化加工工艺；流通环节可以根据销售渠道特点完善物流体系。这种紧密衔接的产业链模式有助于提高整体效率，降低运营成本。

现代农业技术推动了农业产业链向高端化发展，通过采用高新技术进行农产品加工和流通，提高了农产品的附加值和市场竞争力。例如，利用生物发酵技术生产高附加值产品，利用智能感知设备实现农产品的精准追溯等。这些技术的应用不仅延长了农业产业链，还提高了农产品的品质和安全性，满足了消费者对高品质农产品的需求。科技创新还为农业产业链的发展提供了持续动力，随着科技的不断发展，现代农业技术将不断涌现新的成果和应用领域。例如，人工智能、区块链等新兴技术在农业领域的应用前景广阔，有望为农业产业链的优化升级带来新的机遇和挑战，这些新兴技术的应用将推动农业产业链向更高效、更精准、更可持续的方向发展。

（三）青年人才机遇

1. 青年"乡村 CEO"带来的新思维与管理模式

青年"乡村 CEO"作为新一代农业领军人物，通常接受过良好的教育，具备开阔的视野和前瞻性的思维，不仅熟悉现代农业科技和管理理念，还敢于打破传统农业的思维定式，勇于尝试新的管理模式和经营策略。这种新思维的引入，为农业产业链的优化升级提供了全新的视角和思路。

青年"乡村 CEO"在管理模式上的创新，主要体现在以下几个方面，一是注重信息化和智能化的应用。他们充分利用现代信息技术，如物联网、大数据、人工智能等，对农业生产进行精准管理，提高农业生产效率和农产品质量。二是推行标准化和品牌化建设。他们深知品牌对于农产品附加值提升的重要性，因此他们积极推行农业生产标准化，加强品牌建设，提高农产品的市场竞争力和影响力。三是强化产业链整合和协同创新。他们注重农业产业链上、下游的紧密合作，通过整合资源和协同创新，推动农业产业链向高端化、智能化、绿色化方向发展。青年"乡村 CEO"的新思维和管理模式，不仅提高了农业生产的效率和效益，还推动了农业产业链的优化升级。他们的成功实践，为其他农业企业和农户树立了榜样，激发了农业产业的创新活力和发展潜力。

2. 青年人才在农业产业链创新中的作用

青年人才是农业产业链创新的主力军，他们具备较强的学习能力和创新能力，能够迅速掌握和应用新技术、新知识，推动农业产业链的技术创新和模式创新。

在技术创新方面，青年人才积极引进和推广先进的农业科技成果，如智能农机装备、生物育种技术、精准农业技术等，提高农业生产的科技含量和智能化水平，还与科研机构和高校建立紧密的合作关系，共同开展农业科技创新研究，为农业产业链的优化升级提供源源不断的技术支撑。

在模式创新方面，青年人才敢于打破传统农业的经营模式，探索新的农业发展路径。他们通过发展农业电子商务、休闲农业、创意农业等新型农业业态，拓宽农产品的销售渠道，提高农产品的附加值和市场竞争力。同时，他们还注重农业与旅游、文化、教育等产业的融合发展，推动农业产业链的延伸和拓展。

青年人才在农业产业链创新中的作用，不仅体现在技术和模式上，还体现在理念和文化上。他们注重培养农业产业的创新文化和创业精神，鼓励农户和企业敢于尝试、敢于创新，为农业产业链的优化升级营造良好的创新氛围和文化环境。

二、农业产业链优化升级面临的挑战

（一）传统产业结构束缚

1. 现有农业产业链的结构性问题

现有农业产业链的结构性问题主要源于长期以来的农业生产、加工、销售等环节之间的脱节与不协调。在农业生产环节，农户往往以分散经营为主，缺乏规模化、标准化的生产方式，从而导致生产效率低下，农产品质量参差不齐。这种生产方式难以形成稳定的供应链，使得下游加工企业和销售商难以获取稳定、高质量的原材料。在农产品加工环节中，由于加工技术落后、设备陈旧，许多农产品只能进行初加工，无法进一步增值，加工企业与农户之间的利益联结机制不完善，导致农户在产业链中的议价能力较弱，难以获得加工环节的增值收益。在农产品销售环节中，市场信息不对称问题严重，农户由于缺乏对市场需求的准确把握，往往盲目生产，从而导致产品滞销，加上销售渠道单一、缺乏多元化的销售网络，这造成农产品难以有效推向市场。此外，现有农业产业链还存在着资源利用效率低、环境污染严重等问题，农业生产过程中化肥、农药的过度使用，不仅增加了生产成本，还对环境造成了严重污染，这些问题共同构成了现有农业产业链的结构性问题，严重制约了农业产业链的优化升级。

2. 传统产业模式对农业产业链优化升级的制约

传统产业模式对农业产业链优化升级的制约主要体现在以下几个方面。

第一，传统农业生产方式以家庭为单位，缺乏规模化、标准化的生产方式，这种生产方式难以形成稳定的供应链，使得下游加工企业和销售商难以获取稳定、高质量的原材料。同时，由于农户分散经营，难以形成有效的组织化生产，因此导致生产效率低下，农产品质量参差不齐。

第二，传统农业产业链各环节之间缺乏紧密的合作与协同，农户、加工企业、销售商等主体之间往往各自为政，缺乏有效的利益联结机制，这种松散的合作关系使得产业链各环节之间难以形成协同效应，无法共同应对市场风险和挑战。

第三，传统农业产业链缺乏创新驱动力，由于长期以来形成的路径依赖，传统农业产业链各环节之间缺乏创新意识和创新能力，这种创新能力的缺失使得农业产业链难以适应市场需求的变化和技术进步的挑战，从而无法形成新的增长点。

第四，传统农业产业链在资源利用和环境保护方面存在诸多问题，传统农业生产方式往往以牺牲环境为代价换取产量的增长，导致资源利用效率低、环境污染严重，这些问题不仅制约了农业产业链的可持续发展，还对整个生态环境造成了严重影响。

(二) 市场拓展与品牌建设挑战

1. 农产品市场拓展的难度

农产品市场拓展的难度主要体现在市场需求的多样性、市场竞争的激烈性以及市场信息的不对称性等方面。

市场需求的多样性要求农业产业链必须提供多样化的农产品以满足不同消费者的需求。然而，农业生产的周期性和地域性特点往往限制了农产品的种类和供应时间，这使得农业产业链在市场拓展时面临巨大的挑战。例如，某些季节性农产品可能只在特定时间段内供应，而消费者对这些产品的需求却可能持续全年，这就要求农业产业链必须采取有效的储存和运输措施，以确保农产品的持续供应。

市场竞争的激烈性是农产品市场拓展的重要障碍。随着农业产业化的推进，越来越多的农业企业进入市场，导致农产品市场的竞争日益激烈。在这种情况下，农业产业链必须通过提高产品质量、降低成本、创新营销策略等手段来提升自身的竞争力。然而，这些措施的实施往往需要投入大量的资金、技术和人力资源，这对于许多小型农业企业来说是一个巨大的挑战。市场信息的不对称性也增加了农产品市场拓展的难度，农业生产者往往难以准确掌握市场需求信息，导致他们在做出种植决策和销售决策时存在盲目性。由于农产品市场的信息不对称，农业生产者也可能面临价格波动和销售渠道不畅等问题，从而影响他们的收益。

2. 品牌建设与农产品附加值提升的挑战

品牌建设是提升农产品附加值和市场竞争力的重要手段，然而，品牌建设与农产品附加值提升的过程中同样面临着诸多挑战。

品牌建设需要投入大量的资金、时间和人力资源，农业企业需要制定科学的品牌策略，进行市场调研、品牌策划、营销推广等一系列工作，以提高品牌的知名度和美誉度。然而，这些工作往往需要大量的资金投入，这对于许多小型农业企业来说是一个巨大的负担。品牌建设是一个长期的过程，需要持续的投入和维护，对于农业企业的耐心和毅力也是一个考验。品牌建设需要农业企业具备一定的品牌意识和品牌管理能力，然而，在我国农业领域，许多农业生产者和管理者普遍缺乏品牌意识，重生产轻营销，导致优质农产品难以形成品牌效应，难以获得应有的市场回报。此外，品牌管理也是一个复杂的过程，需要农业企业具备一定的市场营销、品牌策划和管理能力，这对于许多农业企业来说是一个巨大的挑战。

在提升农产品附加值方面，农业企业同样面临着诸多挑战，农产品附加值的提升需要农业企业不断创新，提高产品质量和附加值。农产品附加值的提升还需要农业企业加强与相关产业的协作和融合，形成更加完整的产业链条。然而，由于农业产业链各环节之间的信息不对称和利益分配不均等问题，这往往难以实现。

对浙江农业产业链而言，品牌建设与农产品附加值提升的挑战同样突出。浙江地处经济发达地区，消费者对于农产品的品质和品种要求更高，市场竞争也更为激烈。因此，浙江农业产业链必须注重品牌建设，提高产品质量和附加值，以在激烈的市场竞争中脱颖而出。同时，浙江农业产业链还需要加强与相关产业的协作和融合，形成更加完整的产业链条，以提高整个产业链的附加值和竞争力。

（三）科技创新与应用障碍

1. 农业科技创新的投入与风险

农业科技创新的投入与风险是制约农业产业链优化升级的重要因素。农业科技创新具有高风险性，这主要是由农业生产对象的特殊性和创新过程的不确定性所决定的。动植物作为农业生产的主要对象，生长周期、遗传特性、环境适应性等都具有高度的复杂性和不可预测性，这使得农业科技创新的研究周期往往较长，且成功率相对较低。

在投入方面，农业科技创新需要大量的资金、人力和物力支持。然而，与发达国家相比，我国农业科研投入仍然存在较大差距。尽管近年来国家对农业科技创新的投入不断增加，但与农业产业链优化升级的需求相比，仍显不足。此外，农业科研资金的分配也存在不均衡现象，一些基础性、长期性研究以及农业产业链后端的加工、流通等环节的研发支持相对薄弱。

农业科技创新的风险不仅体现在研究过程中,还体现在成果的推广和应用上。由于农业生产的地域性差异,因此一项成功的农业科技成果在一个地区取得显著成效,但在另一个地区可能无法适用。这种地域性差异增加了农业科技创新成果推广和应用的难度和风险。

2. 科技创新成果在农业产业链中的转化应用难题

农业科技创新成果的转化应用是农业产业链优化升级的关键环节。然而,目前我国的科技创新成果在农业产业链的实际转化应用过程中仍面临诸多难题。

第一,农业科技成果的供需错位是制约其转化应用的重要因素。农业科研机构、高校等科研主体往往注重基础研究和前沿技术的探索,而农业生产者则更关注实用技术和经济效益。这种供需错位导致了许多农业科技成果虽然具有较高的理论价值,但难以在农业生产中得到实际应用。

第二,农业科技成果的转化应用需要有效推广机制和服务体系的支持。然而,目前我国农业科技成果推广人员的综合素质参差不齐,部分科技人员缺乏市场意识和推广经验,导致科技成果难以有效传递到农业生产者手中。同时,我国农业科技成果推广服务体系建设尚不完善,基层农业科技推广人员的福利待遇需要进一步提高,以保证推广的实际效果。

第三,农业科技成果的转化应用还受到农民文化素质和技术应用能力的影响。我国大部分农民年龄偏大,文化程度偏低,系统知识薄弱,吸收新技术、新信息的能力弱,使得农民在面对新的农业科技成果时往往持观望态度,难以有效应用这些成果以提高农业生产效率和质量。

第四,农业科技成果的转化应用还受到市场机制和知识产权保护的影响。目前,我国农业技术创新市场机制尚不健全,知识产权保护意识淡薄,技术交易市场不活跃,使得农业科技成果的转化应用面临较高的风险和成本,从而抑制了创新主体的积极性。

第二节 青年"乡村 CEO"在产业链优化中的核心作用

一、青年"乡村 CEO"在产业链整合中的核心作用

(一) 促进产业链上、下游的紧密合作与协同

青年"乡村 CEO"深知,农业产业链的优化升级不是单一环节或企业的独立行为,而是需要产业链上、下游各主体的紧密合作与协同。他们通过深入调研和分析,准确把握产业链各环节的发展需求和痛点,积极搭建合作平台,促进信息共享和资源整合。在促进产业链上、下游合作方面,青年"乡村 CEO"注重建立长期稳定的合作关系,通过签订合作协议、制定合作规范等方式,明确各方的权利和义务,确保合作的顺利进行,还积极推动产业链上、下游企业的技术交流与合作,共同研发新技术、新产品,提高整个产业链的技术水平和竞争力。此外,青年"乡村 CEO"还注重发挥行业协会、合作社等组织的作用,加强产业链上、下游之间的沟通与协调,通过组织行业论坛、研讨会等活动,为产业链各环节的企业提供交流学习的机会,促进产业链上、下游的深度融合和协同发展。

(二) 推动产业链资源的优化配置与高效利用

资源是农业产业链发展的基础,如何优化配置和高效利用资源,是产业链优化升级的关键。青年"乡村 CEO"在这方面发挥着重要作用。他们通过引入先进的管理理念和技术手段,对产业链资源进行全面梳理和整合,实现资源利用的最大化。

在资源配置方面,青年"乡村 CEO"注重根据市场需求和产业发展趋势,合理规划产业链各环节的生产规模和布局。他们通过调整种植结构、优化养殖模式等方式,提高土地、水资源等生产要素的利用效率,还积极推动产业

链上、下游企业的资源共享和互补，实现资源的优化配置和高效利用。

在资源利用方面，青年"乡村CEO"注重提高资源的转化效率和附加值，他们通过引进和推广先进的农业科技成果，提高农产品的产量和品质，还积极推动农产品的深加工和精加工，延长产业链，提高农产品的附加值和市场竞争力。此外，青年"乡村CEO"还注重发挥市场在资源配置中的决定性作用，通过完善市场机制，推动产业链各环节的企业按照市场规则进行资源配置和交易，提高资源的利用效率和效益。

（三）实现产业链各环节的无缝对接与协同发展

农业产业链的优化升级需要产业链各环节的无缝对接和协同发展。青年"乡村CEO"在这方面发挥着桥梁和纽带的作用，他们通过深入了解和掌握产业链各环节的企业发展状况和需求，积极推动产业链上、下游企业的对接和合作，实现产业链各环节的无缝连接。

在无缝对接方面，青年"乡村CEO"注重建立高效的物流体系和信息平台，他们通过引入先进的物流技术和管理手段，提高农产品的运输效率和保鲜质量，还积极推动信息化建设，建立农产品追溯体系和质量安全监管平台，提高农产品信息的透明度和可信度。这些措施的实施，为产业链各环节的企业提供了便捷、高效的服务，促进了产业链的无缝对接和协同发展。

在协同发展方面，青年"乡村CEO"注重发挥产业链各环节的比较优势，实现优势互补和协同发展。他们通过推动产业链上、下游企业的技术合作、市场开拓等方式，促进产业链各环节的深度融合和协同发展，还积极推动产业链延伸和拓展，发展农产品加工业、乡村旅游业等新兴产业，为产业链的优化升级注入新的活力。青年"乡村CEO"在推动产业链各环节协同发展的过程中，还注重加强产业链的风险管理和应对能力，通过建立风险预警机制、制定应急预案等方式，提高产业链应对自然灾害、市场波动等风险的能力，确保产业链的稳定发展和持续优化。

二、青年"乡村 CEO"在技术创新与应用中的引领作用

(一) 引进和推广先进的农业科技成果

青年"乡村 CEO"深知农业科技在推动农业产业发展中的重要性，因此，他们积极引进和推广先进的农业科技成果，以提升农业生产的效率和质量。他们密切关注国内外农业科技的最新动态，通过参加农业科技展览会、学术交流会等方式，及时了解并掌握最新的农业科技成果，还积极与科研机构、高校等建立合作关系，共同开展农业科技研发和推广工作。

在引进先进的农业科技成果后，青年"乡村 CEO"并不是简单地将其应用于农业生产中，而是结合当地的实际情况，对科技成果进行二次创新和优化。他们深入了解当地的气候条件、土壤类型、作物种植结构等，对科技成果进行适应性改造，使其更加符合当地农业生产的实际需求。此外，他们还通过举办培训班、现场演示等方式，将先进的农业科技成果推广给更多的农民，提高农民的科技素养和生产技能。

青年"乡村 CEO"在推广先进的农业科技成果时，还注重与科技企业的合作。他们积极引进科技企业的先进技术和产品，如智能农机、精准灌溉系统、病虫害远程监测系统等，通过这些技术的应用，极大地提高了农业生产的精准度和效率。同时，他们还鼓励科技企业参与到农业产业链的优化升级中来，共同推动农业产业的现代化进程。

(二) 推动农业生产方式的智能化与现代化

青年"乡村 CEO"深知传统农业生产方式已经难以满足现代农业发展的需求，因此，他们积极推动农业生产方式的智能化与现代化，利用物联网、大数据、人工智能等现代信息技术，对农业生产过程进行智能化改造，实现农业生产的精准管理、智能决策和高效运营。

在智能化农业生产方面，青年"乡村 CEO"引入了智能农机装备，如无人驾驶的拖拉机、联合收割机等，这些智能农机装备能够自动完成耕作、播

种、收割等作业，大大提高了农业生产的效率。同时，他们还利用传感器、摄像头等设备，对农田环境进行实时监测，获取土壤湿度、温度、养分含量等数据，为农业生产提供精准的决策支持。

在现代化农业生产方面，青年"乡村CEO"注重农业生产的标准化和规范化。他们推动建立农业标准化生产体系，制定统一的种植标准、养殖标准和加工标准，确保农产品的质量和安全。同时，他们还积极引进现代化的农业管理理念和方法，如精益生产、六西格玛等，对农业生产过程进行精细化管理，提高农业生产的效益和竞争力。青年"乡村CEO"还注重培养新型职业农民，推动农业生产方式的转变。他们通过举办培训班、现场教学等方式，提高农民的科技素养和生产技能，引导农民从传统的农业生产方式向智能化、现代化的农业生产方式转变。

（三）促进农业产业链的技术创新与升级换代

青年"乡村CEO"不仅关注农业生产过程中的技术创新，还注重农业全产业链的技术创新与升级换代。他们深知农业产业链的优化升级需要各个环节的协同配合和共同发展，因此，他们积极推动农业产业链上、下游企业的技术创新和合作。

在农业产业链上游，青年"乡村CEO"积极推动种子、化肥、农药等农业生产资料的技术创新，他们与科研机构合作，研发更加高效、环保的农业生产资料，提高农业生产的效率和质量，还推动农业生产资料的标准化和规范化，确保农业生产资料的安全和可靠。

在农业产业链中游，青年"乡村CEO"注重农业生产过程中的智能化和现代化改造，他们利用现代信息技术对农业生产过程进行精准管理和智能决策，提高农业生产的效率和效益，还推动农业生产的标准化和规范化，确保农产品的质量和安全。

在农业产业链下游，青年"乡村CEO"积极推动农产品的加工、储藏、运输等环节的技术创新，他们引进先进的加工设备和工艺，提高农产品的加工效率和附加值，还推动农产品的冷链储藏和运输技术的发展，确保农产品在运输过程中的新鲜度和安全性。

此外，青年"乡村CEO"还注重农业产业链上、下游企业的合作与协同发展，他们积极推动农业产业链上、下游企业之间的信息共享、技术交流和资源互补，形成产业协同发展的良好态势。通过产业链上、下游企业的合作与协同发展，青年"乡村CEO"成功地促进了农业产业链的整体技术创新和升级换代。

三、青年"乡村CEO"在市场拓展与品牌建设中的关键作用

（一）拓宽农产品的销售渠道与市场覆盖面

农产品销售渠道的畅通与否，直接关系到农产品的市场覆盖面和销售效率。青年"乡村CEO"凭借其敏锐的市场洞察力，积极探索和创新农产品的销售渠道，有效拓宽了农产品的市场覆盖面。

青年"乡村CEO"善于利用现代信息技术手段，如电子商务平台、社交媒体等，构建多元化的线上销售渠道。他们通过开设网店、直播带货、社交营销等方式，将农产品直接推向更广阔的消费者市场，打破了传统销售渠道的时空限制，提高了农产品的销售效率。同时，他们还注重线上、线下融合，通过线下体验店、农产品展销会等形式，增强消费者的购买体验感和信任感，进一步拓宽农产品的销售渠道。

青年"乡村CEO"积极寻求与大型超市、连锁餐饮企业等商业伙伴的合作，建立稳定的供货关系。他们通过深入了解市场需求和消费者偏好，调整农产品的品种、规格和包装，以满足商业伙伴的采购需求。通过与商业伙伴的合作，青年"乡村CEO"不仅拓宽了农产品的销售渠道，还提高了农产品的附加值和市场竞争力。此外，青年"乡村CEO"还注重开拓国际市场，推动农产品的出口贸易。他们通过参加国际农产品博览会、洽谈会等活动，积极寻求与国外采购商的合作机会，还注重了解国际市场需求和进口国的法律法规，为农产品的出口贸易提供有力支持。通过开拓国际市场，青年"乡村CEO"进一步拓宽了农产品的市场覆盖面，提高了农产

品的国际知名度。

(二) 提升农产品的品牌影响力与市场竞争力

品牌是农产品的无形资产,是提升市场竞争力的重要手段。青年"乡村CEO"深知品牌的重要性,通过一系列的品牌建设策略,有效提升了农产品的品牌影响力和市场竞争力。

青年"乡村CEO"注重挖掘和传承农产品的地域特色和文化内涵,打造具有独特魅力的品牌形象。他们通过深入了解农产品的历史渊源、种植传统和文化故事,将这些元素融入品牌建设中,形成具有地域特色和文化内涵的品牌形象。这种独特的品牌形象不仅增强了消费者对农产品的认知度和好感度,还提高了农产品的附加值和市场竞争力。

青年"乡村CEO"注重提升农产品的品质和口感,为品牌建设提供有力支撑。他们通过引进先进的种植技术和管理经验,提高农产品的品质和口感,还注重农产品的包装设计和营销策略,通过精美的包装和创新的营销手段,增强消费者的购买欲望和忠诚度。这些措施的实施,不仅提高了农产品的品质和口感,还增强了消费者对品牌的信任感和认同感。此外,青年"乡村CEO"还注重加强品牌的宣传推广,提高品牌的知名度和影响力,通过参加农产品博览会、品牌发布会等活动,积极展示和推广自己的品牌,还注重利用社交媒体等新媒体平台,进行品牌的网络宣传和推广。通过加强品牌的宣传推广,青年"乡村CEO"有效提升了农产品的品牌影响力和市场竞争力。

(三) 推动农业产业链向高端化、品牌化方向发展

农业产业链的高端化、品牌化是农业现代化的重要标志。青年"乡村CEO"凭借其敏锐的市场洞察力和深厚的品牌建设能力,积极推动农业产业链向高端化、品牌化方向发展。

青年"乡村CEO"注重加强农业产业链各环节之间的协同合作,形成产业链的整体竞争优势。他们通过加强与上游供应商、下游销售商以及物流、金融等服务商的合作,实现产业链各环节之间的无缝对接和协同发展。通过

加强协同合作，青年"乡村 CEO"不仅提高了农业产业链的整体效率和效益，还增强了产业链的整体竞争优势。此外，青年"乡村 CEO"还注重推动农业产业链的品牌化发展。他们通过打造具有地域特色和文化内涵的品牌形象，提高农产品的品牌影响力和市场竞争力，还注重加强品牌的宣传推广和市场营销，提高品牌的知名度和美誉度。通过推动农业产业链的品牌化发展，青年"乡村 CEO"不仅提高了农产品的附加值和市场竞争力，还推动了农业产业链的升级和转型。

四、青年"乡村 CEO"在产业融合与文化创新中的推动作用

（一）促进农业与其他产业的融合发展

在全球化与信息化交织的今天，单一产业的发展模式已难以满足乡村经济多元化的需求。青年"乡村 CEO"凭借其敏锐的市场洞察力和跨界融合的能力，成为促进农业与其他产业融合发展的重要推手。他们深知，农业作为乡村经济的基石，其发展不能孤立存在，必须与工业、服务业等产业有机融合，形成多业态共生共荣的新格局。

具体而言，青年"乡村 CEO"通过引入现代农业技术和管理理念，提升农业生产的效率和品质，为农业与二、三产业的融合奠定了坚实基础。他们积极推动农业与旅游业的结合，发展乡村旅游、休闲农业等新型业态，让游客在体验乡村生活的同时，也能感受到农业的魅力。此外，他们还探索农业与电商、物流等产业的融合路径，利用互联网平台拓展农产品的销售渠道，提高农产品的附加值和市场竞争力。

青年"乡村 CEO"还注重构建农业产业链上、下游的协同机制，促进产业链各环节的有效衔接和资源共享。他们通过成立农业合作社、建立农产品加工基地等方式，将农民、企业、市场等主体紧密连接在一起，形成了利益共享、风险共担的产业共同体。这种产业融合的发展模式，不仅提高了农业的综合效益，也带动了乡村其他产业的发展，为乡村经济的多元化发展提供了有力支撑。

（二）推动农业文化的传承与创新

农业文化是乡村文化的灵魂，是乡村历史文脉的延续。然而，在现代化进程的冲击下，许多传统的农业文化面临着失传的风险。青年"乡村CEO"深知农业文化的重要性，他们积极承担起传承与创新的使命，努力让农业文化在新时代焕发出新的生机与活力。

一方面，青年"乡村CEO"注重挖掘和整理乡村的传统农业文化资源，如农耕技艺、民俗风情、乡土美食等。他们通过举办农业文化节、农耕体验活动等形式，让更多人了解和感受农业文化的魅力。他们利用现代传媒手段，如社交媒体、短视频平台等，广泛传播农业文化，扩大了农业文化的影响力和传播范围。

另一方面，青年"乡村CEO"在传承的基础上进行创新，将传统农业文化与现代元素相结合，创造出具有时代特色的新文化产品和服务。他们将农业文化融入乡村旅游、农产品包装等设计中，提升了农产品的文化内涵和附加值。同时，他们还鼓励和支持乡村艺术家、手工艺人等创作具有农业文化特色的作品，为农业文化的传承与创新注入了新的活力。

青年"乡村CEO"还注重培养乡村居民的文化自觉和文化自信，激发他们参与农业文化传承与创新的积极性。他们通过组织文化培训、开展文化交流活动等方式，提高了乡村居民的文化素养和审美能力，为农业文化的持续发展奠定了坚实的群众基础。

（三）打造具有地域特色的农业产业链文化品牌

在市场竞争日益激烈的今天，品牌已成为企业核心竞争力的重要组成部分。对于乡村农业产业链而言，打造具有地域特色的文化品牌，是提升农产品附加值、增强市场竞争力的有效途径。青年"乡村CEO"深知这一点，他们积极致力于农业产业链文化品牌的打造和推广。

青年"乡村CEO"注重挖掘乡村的地域特色和文化内涵，将其融入农产品的生产、加工、销售等各个环节，通过优化农产品品种结构、提高农产品品质、改善农产品包装等方式，提升了农产品的文化品位和市场形象。同时，他们还注重培育具有乡村特色的农业产业，如特色种植业、特色养殖业等，为农业产业链文化品牌的打造提供了丰富的资源。

在品牌推广方面，青年"乡村 CEO"充分利用现代营销手段，如品牌策划、广告宣传、网络营销等，提高农业产业链文化品牌的知名度和美誉度。他们注重与消费者建立情感联系，通过讲述乡村故事、传递乡村情怀等方式，让消费者在享受农产品的同时，也能感受到乡村文化的魅力。这种情感化的营销策略，不仅增强了消费者对农业产业链文化品牌的认同感和忠诚度，也提高了农产品的市场竞争力。此外，青年"乡村 CEO"还注重构建农业产业链文化品牌的保护机制，防止品牌被侵权和滥用。他们通过注册商标、申请专利等方式，保护农业产业链文化品牌的知识产权，为品牌的持续发展提供了法律保障，还加强对品牌市场的监管和维护，打击假冒伪劣产品，维护品牌的良好形象和声誉。

第三节　农业产业链优化升级的具体路径与实施策略

一、农业产业链优化升级的具体路径

（一）产业链的延伸

1. 鼓励农产品初加工、深加工，提高产品附加值

农产品初加工和深加工是提高农产品附加值的重要途径。初加工主要是对农产品进行简单的处理，如清洗、分级、包装等，以便于储存、运输和销售。深加工则是在初加工的基础上，对农产品进行进一步的加工处理，如制作罐头、饮料、糕点、方便食品等。通过深加工，农产品可以延长保质期，增加多样性，满足消费者不断变化的需求。

在鼓励农产品初加工和深加工方面，政府应出台相关政策，对开展农产品初加工和深加工的企业给予税收减免、财政补贴等优惠政策，降低企业的

经营成本,提高其市场竞争力。政府还可以加大对农产品加工技术的研发投入,引进和推广先进的加工技术,提高农产品加工效率和农产品质量。农业企业应加强与科研机构、高校的合作,共同开展农产品加工技术的研发和创新。通过产学研合作,农业企业可以加速科技成果的转化和应用,推动农产品加工技术的不断进步。此外,政府还应加强对农产品加工企业的监管和指导,确保其生产过程的规范化和标准化。通过建立健全的质量追溯体系,农产品加工企业可以保障农产品的质量和安全,提高消费者的信任度和满意度。通过鼓励农产品加工企业开展农产品初加工和深加工,农产品不仅可以提高附加值,还可以促进农业产业结构的优化升级,推动农业经济的持续健康发展。

2. 推动农业与服务业、旅游业等产业的融合发展

农业与服务业、旅游业等产业的融合发展,是实现农业产业链延伸的重要途径。产业融合可以促进形成多元化的产业格局,提高农业产业的附加值和竞争力。

在推动农业与服务业融合发展方面,政府应出台相关政策,鼓励和支持农业服务业的发展。农业服务业包括金融保险、物流运输、技术咨询、信息服务等多个领域。通过发展农业服务业,可以为农业生产提供全方位、多层次的服务支持,提高农业生产的效率和效益。农业企业应加强与服务业企业的合作,共同开展农业服务项目的开发和运营。通过合作,可以整合双方的资源和技术优势,提高农业服务的质量和水平。例如,农业企业可以与金融保险企业合作,推出针对农业生产的保险产品和服务;可以与物流运输企业合作,建立高效的农产品物流运输网络。

在推动农业与旅游业融合发展方面,政府应加大对乡村旅游、休闲农业等农业旅游项目的扶持力度。通过提供财政补贴、税收优惠等政策措施,鼓励和支持农业旅游项目的开发和运营。政府还应加强对农业旅游项目的规划和指导,确保其可持续发展。农业企业应积极挖掘和利用当地的农业旅游资源,开发具有地域特色和文化内涵的农业旅游产品。通过提供丰富多彩的农业旅游体验活动,可以吸引更多的游客前来参观和消费,提高农业旅游的知

名度和影响力。此外，政府应加强农业旅游项目的宣传和推广力度，通过举办农业旅游节庆活动、开展农业旅游宣传推介等方式，提高农业旅游的知名度和吸引力，还应加强对农业旅游项目的监管和管理力度，确保其规范化和标准化运营。

（二）产业结构的优化

1. 依据资源禀赋和市场需求，调整种植结构

农业产业链的优化升级首先要求农业生产必须紧密结合当地的资源禀赋和市场需求，合理调整种植结构。资源禀赋包括土地、气候、水源、劳动力等自然条件，而市场需求则反映了消费者对农产品的品种、品质、价格等方面的偏好。

一方面，农业生产应根据当地的自然资源条件进行布局。例如，在干旱地区，应优先发展耐旱作物，如高粱、小麦等；在水资源丰富的地区，则适宜发展水稻、莲藕等水生作物。因地制宜地选择作物品种，可以充分发挥自然资源优势，提高农业生产效率。

另一方面，市场需求的变化也是调整种植结构的重要依据。随着消费者健康意识的提高，市场对绿色、有机、无公害农产品的需求日益增长。农业生产者应及时捕捉市场信号，增加这类农产品的种植比例。同时，随着城市化进程的加快和居民生活水平的提高，市场对高品质、特色化农产品的需求也在不断增加。农业生产者应根据市场需求，调整种植结构，增加特色农产品的生产，以满足市场的多样化需求。

在调整种植结构的过程中，政府应发挥引导和支持作用。政府应通过制定相关政策，如农业补贴、税收优惠等，鼓励农民种植市场需求旺盛、经济效益高的农产品。同时，政府还应加强市场信息的收集和发布工作，为农民提供及时、准确的市场信息，帮助他们做出科学的种植决策。

2. 发展特色农产品种植，提高市场竞争力

在农业产业链的优化升级中，发展特色农产品种植是提高市场竞争力的重要途径。特色农产品是指具有地域特色、品质优良、市场竞争力强的农产

品。它们往往具有独特的风味、营养价值和文化内涵,能够满足消费者对农产品多样化和高品质的需求。

发展特色农产品种植,要深入挖掘当地的自然资源优势和历史文化底蕴。例如,在山区可以发展高山蔬菜、野生菌类等特色农产品;在沿海地区则可以发展海鲜养殖等特色产业。通过挖掘和利用当地的自然资源优势,可以生产出具有地域特色的农产品,提高市场竞争力。品牌是农产品市场竞争力的核心要素之一,通过注册地理标志商标、申请绿色食品认证等方式,可以提升特色农产品的知名度和美誉度,政府和企业还应加强对特色农产品的宣传和推广力度,通过参加农业展会、举办品鉴会等活动,提高消费者对特色农产品的认知度和接受度。此外,发展特色农产品种植还需要加强科技支撑和人才培养,通过引进和应用先进的农业技术和管理模式,可以提高特色农产品的产量和品质,还应加强对农业技术人才的培训和引进工作,为特色农产品种植提供智力支持。在发展特色农产品种植的过程中,政府应发挥政策扶持和引导作用,通过制定相关政策,如特色农产品发展基金、农业科技创新奖励等,鼓励农民种植特色农产品,还应加强特色农产品的市场监管和质量安全检测工作,确保特色农产品的质量和安全。

(三) 技术支持与培训

1. 加强农业科技创新和推广,提高农业生产效率

农业科技创新是农业产业链优化升级的核心驱动力。随着科技的飞速发展,生物技术、信息技术、新材料技术等在农业领域的应用日益广泛,为农业生产带来了前所未有的变革。加强农业科技创新,意味着要不断加大研发投入,推动农业科技成果的转化和应用,以科技的力量赋能农业生产。

政府应扮演好引导者和支持者的角色,通过制定优惠政策、提供资金支持、建立科研平台等方式,鼓励科研机构和农业企业开展农业科技创新研究,政府还应加强对农业科技成果的知识产权保护,激发创新主体的积极性。推广是农业科技创新成果转化为实际生产力的关键环节,要建立健全的农业科技推广体系,加强对农技推广人员的培训和管理,提高他们的专业素养和服

务能力。通过举办科技讲座、现场示范、技术咨询等方式，农业科技成果能够及时、有效地传递给农民，帮助他们掌握新技术、新方法，提高农业生产效率。此外，还应注重农业科技创新的集成应用，农业生产是一个复杂的系统工程，涉及多个环节和多个领域。因此，在农业科技创新过程中，应注重不同技术之间的集成与融合，形成综合性的技术解决方案，为农业生产提供全方位的技术支持。

2. 组织农民参加技能培训，提升现代农业技术应用能力

农民是农业生产的主体，他们的技术水平和应用能力直接关系到农业生产的效率和效益。因此，组织农民参加技能培训，提升他们的现代农业技术应用能力，是农业产业链优化升级不可或缺的一环，要根据农民的实际需求和农业生产的特点，制定切实可行的培训计划。培训内容应涵盖农业新技术、新品种、新肥料、新农药等方面的知识，以及农业机械化、信息化等现代农业技术的应用。培训计划还应注重实用性和针对性，确保农民能够学以致用。政府应加强对农民技能培训的组织和领导，整合各方资源，形成合力。可以依托农业院校、科研机构、农技推广站等机构，建立多层次的培训体系，为农民提供多样化的培训服务；还可以利用互联网、移动通信等现代信息技术手段，开展远程教育和在线培训，拓宽农民的学习渠道。此外，政府要注重培训效果的评估和反馈，通过定期开展培训效果评估，了解农民对培训内容的掌握程度和应用情况，及时发现并解决培训过程中存在的问题。

二、农业产业链优化升级的实施策略

（一）农资供应体系建设

1. 形成农资采购联盟，降低采购成本

农资采购联盟是优化农资供应体系、降低采购成本的有效途径。通过联合农业企业、合作社和农户等多元主体，形成具有规模采购优势的联盟，可以在与农资供应商的谈判中占据更有利的地位，从而获得更优惠的价格和更好的服务。

具体而言，农资采购联盟可以通过集中采购的方式，将分散的采购需求整合起来，形成规模化的采购量。这种规模化的采购不仅能够吸引更多的优质农资供应商参与竞争，提高采购效率，还能够通过批量采购获得价格折扣，从而降低采购成本。此外，农资采购联盟还可以与农资供应商建立长期稳定的合作关系，通过签订长期合作协议、建立产业联盟等方式，实现原材料的稳定供应和价格优惠。

在农资采购联盟的形成过程中，需要注重联盟成员的多样性和互补性。农业企业、合作社和农户等多元主体在农资采购中各有优势，通过联盟的方式可以实现资源共享和优势互补。例如，农业企业具有资金和技术优势，可以负责农资采购的组织和协调工作；合作社和农户则更了解当地农业生产的实际需求，可以提供精准的采购建议和反馈。农资采购联盟还需要注重采购流程的规范化和透明化，可以通过建立完善的采购制度和流程，明确采购标准和要求，确保采购活动的公平、公正和公开；还可以利用数字化采购平台，实现采购全过程的电子化、自动化和透明化，提高采购效率，降低采购成本。

2. 建立农资质量追溯系统，保障农业生产安全

农资质量追溯系统是保障农业生产安全的重要手段。建立从农资生产到使用的全程质量追溯系统，可以实现对农资产品的全程监控和管理，确保农资产品的质量和安全。

农资质量追溯系统需要采用信息化手段，如物联网、大数据等技术，建立农资质量追溯平台。这个平台应具备数据采集、存储、处理和分析等功能，以实现对农资生产、加工、流通等全过程的信息追溯。为每个环节分配唯一的标识码，以便在平台上进行信息的录入、查询和追踪。

在农资的生产过程中，系统应详细记录农资产品的生产厂家、生产日期、成分、使用范围等信息，并及时录入追溯平台。在农资的流通环节中，也要记录相关信息，如运输工具、包装材料、流通轨迹等，确保信息的完整性和连续性。同时，还应建立严格的质量控制标准，明确农资产品的质量标准、检验方法和检验频次等。在农资产品的使用过程中，定期进行质量检验，并将检验结果录入追溯平台。如发现质量问题，应立即采取措施进行整改，并记录整改过程和结果。

通过农资质量追溯系统，消费者和政府部门可以便利地查询农资产品的详细信息，了解农资产品的来源、质量和使用情况，不仅有助于保障农业生产的安全和稳定，还有助于提高消费者对农产品的信任度和满意度。在建立农资质量追溯系统的过程中，需要注重系统的兼容性和扩展性。系统应能够与其他农业信息化系统无缝对接，实现数据共享和互联互通，还应注重其易用性和可维护性，方便用户进行操作和维护。

（二）农业基础设施现代化

1. 推广智能灌溉系统，实现精准农业操作

智能灌溉系统是现代农业技术的重要组成部分，利用物联网、云计算等先进技术，实现对农田灌溉的智能化控制和管理。智能灌溉系统通过安装在农田中的各类传感器，实时采集土壤水分、气象数据等信息，并传输至中央控制站或远程监控中心。经过数据处理和分析，系统能够自动调整灌溉量、频率等参数，实现精准灌溉，提高水资源利用效率。

推广智能灌溉系统对于农业产业链优化升级具有显著意义，有助于提高农业生产效率。通过精准灌溉，可以避免因灌溉不足或过度灌溉而导致的作物生长不良和产量下降，从而提高农作物的产量和品质。在农业生产中，水资源是宝贵的自然资源，智能灌溉系统通过精准控制灌溉量，可以有效减少水资源的浪费，实现水资源的可持续利用。此外，智能灌溉系统还有助于减轻农民的劳动强度，提高农业生产的管理水平。通过自动化和智能化操作，农民可以更加便捷地掌握农田的灌溉情况，提高农业生产的管理效率和精准度。

为了实现智能灌溉系统的广泛推广，政府应出台相关政策，提供财政补贴和技术支持，鼓励农业企业和农户采用智能灌溉技术。同时，政府还应加强智能灌溉系统的技术研发和推广应用，推动智能灌溉技术与现代农业的深度融合，为农业产业链的优化升级提供有力支撑。

2. 加强高标准农田建设，改善农业生产条件

高标准农田建设是保障国家粮食安全、提高农业生产效率、促进农业可

持续发展的重要举措。高标准农田通过采取土地平整、灌溉排水、耕地保肥、防风固沙、防虫防病等措施,改善了农业生产条件,提高了农田的生产能力和防灾抗灾能力。

加强高标准农田建设对于农业产业链优化升级具有深远意义,有助于提高农业生产效率。通过土地平整和灌溉排水等措施,高标准农田建设改善了农田的土壤结构和水分条件,提高了农作物的生长速度和产量;高标准农田建设有助于提升农田的生产能力和防灾抗灾能力,通过建设完善的灌溉系统和排水系统,可以确保农田在干旱和洪涝等自然灾害面前能够稳定生产,降低农业生产的风险。此外,高标准农田建设还有助于推动农业可持续发展。通过施用有机肥、绿肥、复合肥等方式,提高土壤有机质含量和肥力水平,改善土壤结构和生物活性,从而实现农业资源的循环利用和生态环境的保护。

为了实现高标准农田建设的目标,政府应加大对高标准农田建设的投入力度,提供财政补贴和技术支持,鼓励农业企业和农户参与高标准农田建设,还应加强对高标准农田建设的管理和监督,确保建设质量和效果。通过制定科学合理的建设标准和规范,加强建设过程中的质量监管和验收工作,确保高标准农田建设达到预期目标,为农业产业链的优化升级提供有力支撑。

(三) 农业科技研发与推广应用

1. 建立产学研合作创新平台,加速农业科技成果转化

农业科技研发是推动农业产业链优化升级的基础。然而,科技成果的有效转化和应用才是实现农业现代化的关键。产学研合作创新平台作为一种高效的合作模式,能够整合高校、科研机构和企业的资源,形成合力,加速农业科技成果的转化和应用。

产学研合作创新平台通过搭建合作桥梁,实现资源共享和优势互补。高校和科研机构拥有丰富的科研资源和人才储备,能够开展具备前沿性、原创性的基础研究,为农业科技创新提供理论支撑。企业贴近市场需求,具备将科技成果转化为实际生产力的能力。通过产学研合作,高校和科研机构的科技成果能够更快地进入市场,实现产业化应用。

在产学研合作创新平台的建设中，应注重合作机制的完善和创新。一方面，应建立稳定的合作机制，明确各方的责任和权利，确保合作的顺利进行。另一方面，应建立灵活的合作模式，如联合研发、技术转移、人才培养等，以适应不同科技成果的转化需求。同时，产学研合作创新平台还应注重科技成果的评估与筛选，通过专业的评估机构对科技成果进行评估，筛选出具有市场潜力和产业化前景的成果，并进行转化，这不仅可以提高科技成果的转化效率，还可以降低转化风险。

2. 加强基层农技推广服务体系建设，提高农民农业技术水平

农业科技研发与推广应用的最终目的是提高农业生产效率和质量，而农民作为农业生产的主体，其农业技术水平的高低直接影响到科技成果的转化效果。因此，加强基层农技推广服务体系建设，提高农民农业技术水平，成为农业产业链优化升级的重要一环。

基层农技推广服务体系是连接科研成果与农业生产实践的桥梁。通过建立健全的农技推广网络，科技成果能够及时、准确地传递到农民手中，帮助他们掌握先进的农业技术和管理方法。这不仅可以提高农民的生产技能，还可以增强他们的市场竞争力和可持续发展能力。

在加强基层农技推广服务体系建设的过程中，应注重推广方式的创新和服务质量的提升。一方面，应充分利用现代信息技术手段，如互联网、大数据、云计算等，实现农技推广的精准化和智能化。通过建设农技推广信息服务平台，为农民提供便捷、高效的在线服务。另一方面，应注重推广人员的培训，以此推动其能力的提升。通过定期举办培训班、研讨会等活动，提高推广人员的业务素质和服务能力。此外，还应注重将农技推广与农民需求的紧密结合，通过深入调研和了解农民的实际需求，制定有针对性的推广计划和方案，注重推广效果的跟踪和评估，及时发现问题并进行调整和优化。

在加强基层农技推广服务体系建设的同时，还应注重农民农业技术水平的持续提升。通过举办农业技术培训班、田间学校等活动，帮助农民掌握先进的农业技术和管理方法。同时，还应注重培养新型职业农民，提高他们的创新意识和实践能力，为农业产业链的优化升级提供有力的人才支撑。

第五章 青年"乡村 CEO"与浙江农村电商发展

第一节 农村电商在农业农村现代化中的战略地位

一、农村电商对农业农村经济的促进作用

(一) 农产品附加值与竞争力

1. 推动农产品标准化、品牌化

随着农村电商的蓬勃发展,农产品的标准化与品牌化进程得到了极大的推动。传统农产品的销售方式受限于地域和渠道,导致其在品质、包装、营销等方面缺乏统一的标准和规范,而农村电商平台的兴起,为农产品的标准化生产提供了契机。通过电商平台,农业生产者可以更加便捷地获取市场信息,了解消费者对农产品品质和包装等方面的需求,从而有针对性地调整生产策略,实现农产品的标准化生产。同时,电商平台也为农产品的品牌化提供了广阔的舞台。农业生产者可以利用电商平台,通过精美的包装设计、独特的营销策略等方式,打造具有地域特色和文化内涵的农产品品牌,提升农产品的附加值和市场竞争力。

具体而言,农村电商在推动农产品标准化进程中,可以通过建立农产品

质量追溯体系，确保农产品品质的一致性和安全性。例如，一些地区已经建立了农产品二维码追溯体系，消费者只需扫描二维码，即可获取农产品的生产、加工、运输等全链条信息，大大增强了消费者对农产品的信任度。在品牌化方面，农村电商平台可以通过举办农产品品牌评选活动、提供品牌策划和推广服务等方式，帮助农业生产者打造具有影响力的农产品品牌。例如，一些地区的农村电商平台已经成功打造出一批具有地方特色的农产品品牌，如"武陵遗风""秀山毛尖"等，这些品牌不仅在当地市场具有较高的知名度，还成功打入了全国乃至全球市场。

2. 电商平台的学习交流平台作用

农村电商平台不仅是农产品的一个销售渠道，更是一个重要的学习交流平台。通过电商平台，农业生产者可以获取最新的农业技术和管理经验，提升自身的生产效率和产品品质。同时，电商平台也为农业生产者提供了一个展示自我、交流经验的平台，促进了农业生产者之间的合作与共赢。

具体而言，电商平台可以通过开设在线培训课程、举办线上研讨会等方式，为农业生产者提供学习交流的机会。例如，一些电商平台已经与农业科研机构、高校等建立了合作关系，共同推出了一系列针对农业生产者的在线培训课程，涵盖了种植技术、养殖技术、农产品加工技术等多个方面。这些课程不仅帮助农业生产者提升了自身的技术水平，还促进了农业科技成果的转化和应用。此外，电商平台还可以通过设立在线论坛、微信群等方式，为农业生产者提供一个交流经验的平台。在这个平台上，农业生产者可以分享自己的生产经验、市场心得等，互相学习、互相帮助，共同提升农产品的附加值和市场竞争力。

（二）带动相关产业发展

1. 物流配送行业的快速发展

农村电商的蓬勃发展不仅对物流配送行业提出了更高要求，也为其发展提供了巨大机遇。随着农产品线上销售量的增加，农村电商对物流配送的需求日益旺盛。为了满足这一需求，农村地区的物流网络不断完善，物流效率显著提升，物流成本逐渐降低。

农村电商的发展推动了物流基础设施的建设。政府和企业共同投资，加强农村公路等基础设施建设，推动农村快递提速降费。通过提高农村物流配送能力，加强交通运输、商贸流通、快递等与农村物流相关的各服务网络的衔接，逐步完善了县、乡、村三级物流节点基础设施网络。例如，阿里巴巴构建的农村淘宝"天、地、人"三网中的"地网"，便是旨在打通城市与农村的"最后一公里"，实现农民交易的安全闭环。

农村电商促进了物流技术的创新与应用。由于电商订单量的增加，农村电商对物流配送时效性和准确性的要求不断提高。物流企业通过引入先进的物流管理系统和智能物流设备，如自动化分拣系统、冷链物流技术等，提高了物流效率和服务质量。同时，农村电商还推动了农村物流信息平台的建设，通过信息共享和资源整合，实现了物流企业与电商企业、农户之间的有效对接，提高了物流配送效率，降低了物流成本。

2. 金融服务的普及与创新

农村电商的发展为金融服务的普及与创新提供了新的契机。电商平台为农民提供了便捷的支付、结算和融资服务，解决了他们在生产、销售过程中的资金问题。同时，农村电商还吸引了更多的金融机构进入农村市场，为农民提供更加多样化、个性化的金融服务。

一方面，农村电商促进了金融服务的普及。通过电商平台，农民可以便捷地开展贷款办理、支付结算等业务，无须再到银行网点排队等待。这不仅提高了金融服务的便利性，也降低了农民的交易成本。随着电商平台的普及和农民金融意识的提高，金融服务的覆盖面不断扩大，越来越多的农民享受到了现代金融服务的便利。

另一方面，农村电商推动了金融服务的创新。电商平台为金融机构提供了大量的农业企业和农户的生产经营、交易、信用等数据信息。金融机构可以通过分析这些数据，更准确地判断贷款申请人的还款能力和信用状况，从而降低信贷风险，提高信贷投放的积极性。同时，金融机构还可以根据电商平台的需求，创新金融产品和服务，如推出针对农村电商的供应链金融、小额信贷等特色产品，满足农村电商发展的多元化金融需求。

3. 乡村旅游、文化创意等产业的兴起

农村电商的发展还带动了乡村旅游、文化创意等产业的兴起。通过电商平台，农民可以将当地的特色文化、旅游资源进行广泛宣传和推广，吸引更多的游客前来体验，这不仅丰富了农民的收入来源，也推动了农村经济的多元化发展。

农村电商为乡村旅游的发展提供了新的营销渠道。电商平台具有信息传播速度快、覆盖面广的优势，可以帮助乡村旅游景区快速吸引游客的注意。通过精美的图片、视频和文字描述，游客可以直观地了解景区的特色和文化内涵，提高游览的兴趣和意愿。同时，电商平台还可以提供在线预订、支付等服务，方便游客的出行安排。

农村电商促进了乡村旅游产品的创新。电商平台为农民提供了与消费者直接互动的机会，可以及时了解游客的需求和反馈。农民可以根据游客的喜好和建议，开发具有地方特色的旅游产品和服务，如农家乐、采摘园、民俗表演等，提高乡村旅游的吸引力和竞争力。此外，农村电商还推动了文化创意产业的发展，电商平台为农民提供了展示和销售手工艺品、特色农产品等文化创意产品的平台。农民可以通过电商平台将自己的手工艺品推向全国乃至全球市场，实现文化价值的最大化。电商平台还可以为农民提供设计、包装、营销等一站式服务，帮助他们提升产品的附加值和市场竞争力。

二、农村电商在乡村振兴中的多元贡献

（一）人才振兴

1. 吸引年轻人返乡创业就业

农村电商的兴起为年轻人提供了广阔的创业就业空间，有效吸引了大量年轻人返乡发展。在传统农业社会，由于农村产业单一、就业机会有限，年轻人往往选择外出务工，这导致农村人才大量流失，农村发展缺乏活力。然而，随着农村电商的快速发展，这一状况得到了显著改变。

农村电商为年轻人提供了低门槛、高灵活性的创业机会。年轻人可以利用电商平台，将家乡的农产品销往全国各地、甚至出口到国外，实现创业梦想。农村电商也催生了大量与电商相关的就业岗位，如网店运营、客服、物流配送等，为年轻人提供了多样化的就业选择。这些岗位不仅要求年轻人具备一定的互联网知识和技能，还注重其创新思维和市场敏锐度。这些要求正好契合了年轻人的特点和优势。农村电商还通过政策扶持和创业指导，为年轻人返乡创业提供了有力支持，政府出台了一系列优惠政策，如提供创业资金、减免税收、提供培训指导等，降低了年轻人的创业风险和成本。同时，农村电商平台也积极为年轻人提供创业指导和培训，帮助他们更好地了解市场动态、掌握电商运营技巧，提高创业成功率。

2. 提升农民电商技能与职业素养

农村电商的发展不仅要求农民具备传统的农业生产技能，还要求他们掌握一定的电商知识和技能。为了适应这一变化，农村电商积极开展培训和教育活动，提升农民的电商技能与职业素养。

一方面，农村电商通过线上、线下相结合的方式，为农民提供电商基础知识、网店运营技巧、市场营销策略等方面的培训。这些培训内容丰富、形式多样，既满足了农民的学习需求，又提高了他们的学习兴趣和积极性。通过培训，农民可以了解到电商的最新动态和发展趋势，掌握电商运营的基本技能和方法，为开展农村电商业务打下坚实基础。

另一方面，农村电商还注重培养农民的职业素养。电商行业作为一个新兴行业，要求从业者具备良好的职业道德、服务意识、团队协作精神等职业素养。农村电商通过组织交流活动、分享会等形式，促进农民之间的交流与合作，培养他们的团队协作精神和服务意识。同时，农村电商还通过设立奖惩机制、建立信用评价体系等方式，引导农民树立良好的职业道德观念，提高他们的职业素养水平。

3. 促进乡村人才队伍建设

农村电商的发展，不仅吸引了年轻人返乡创业就业，提升了农民的电商技能与职业素养，还促进了乡村人才队伍的建设。乡村人才是乡村振兴的重要支撑力量,而农村电商为乡村人才的培养和引进提供了新途径。

一方面,农村电商通过提供创业就业机会和培训教育服务,培养了一大批具备电商知识和技能的新型农民。这些新型农民不仅掌握了传统农业生产技能,还具备了开展电商业务的能力,成为乡村人才队伍中的重要组成部分。他们通过电商平台将农产品销往全国各地,为乡村经济发展做出了积极贡献。

另一方面,农村电商还通过吸引外部人才流入和促进人才交流合作等方式,加强了乡村人才队伍建设。农村电商的发展吸引了大量外部人才关注乡村、走进乡村,为乡村带来了新的发展理念和先进技术。农村电商还促进了乡村人才之间的交流合作,推动了乡村人才的资源共享和优化配置。

(二)生态振兴

1. 实现低污染的乡村工商业复兴

传统乡村工商业发展往往伴随着环境污染和生态破坏的问题,而农村电商的兴起为乡村工商业提供了一种低污染、高效益的发展路径。农村电商通过线上交易的方式,减少了实体店铺的建设和运营,从而降低了对土地资源、水资源和能源的消耗。农村电商还促进了绿色包装和环保物流的发展,进一步减少了物流过程中的污染排放。具体而言,农村电商通过电商平台将农产品直接销往消费者手中,减少了中间环节,降低了流通成本,同时也减少了传统销售模式中因包装、储存和运输等环节而产生的环境污染。此外,农村电商还推动了绿色农业和生态农业的发展,鼓励农民采用有机肥料、生物防治等环保生产方式,提高了农产品的品质和安全性,同时也减少了化肥和农药的使用量,降低了对环境的污染。

更重要的是,农村电商的兴起带动了乡村特色产业的发展,如乡村旅游、休闲农业、手工艺品等,这些产业往往具有低污染、高附加值的特点,为乡村工商业的复兴提供了新的动力。通过农村电商平台,这些特色产品得以更广泛地传播和销售,不仅促进了乡村经济的发展,也提升了乡村的知名度和美誉度。

2. 节约国土空间的资源友好型发展

农村电商的发展促进了乡村资源的节约和高效利用,实现了资源友好型发展。传统乡村工商业模式往往需要大量的土地、厂房和基础设施来支撑生产和运营，这不仅占用了大量的国土空间，也导致了资源的浪费和环境的破坏。而农村电商通过线上交易的方式，实现了生产和销售的分离，使得生产环节可以更加灵活地布局在乡村地区，从而节约了国土空间，提高了资源的利用效率。具体而言，农村电商鼓励农民利用家庭院落、闲置农房等空间进行生产和经营活动，实现了"前店后厂"或"家庭作坊"式的生产模式。这种模式不仅节约了土地资源，还降低了生产成本，提高了经济效益。农村电商还促进了乡村物流基础设施的建设和完善，如快递服务站、冷链物流设施等，这些设施的建设和运营也更加注重乡村资源的节约和高效利用，实现了物流环节的绿色化、智能化。

此外，农村电商还推动了乡村数字经济的发展，如大数据、云计算、人工智能等技术在农业生产和乡村治理中的应用，这些技术的应用不仅提高了农业生产的效率和精准度，还促进了乡村治理的现代化和智能化，为乡村资源的节约和高效利用提供了有力支撑。

3. 推动农业废弃物的有效利用

农业废弃物是乡村地区的主要污染源之一，而农村电商的兴起为农业废弃物的有效利用提供了新的思路和途径。农村电商通过线上交易的方式，将农业废弃物转化为有价值的商品，实现了农业废弃物的资源化利用。具体而言，农村电商鼓励农民将农业废弃物如秸秆、畜禽粪便等转化为有机肥料、生物质能源等，这些产品不仅具有环保价值，还会带来经济效益。通过农村电商平台，这些产品得以更广泛地传播和销售，为农民带来了额外的收入。农村电商还促进了农业废弃物的回收和再利用体系的建立和完善，如建立废弃物回收站、推广废弃物再利用技术等，进一步提高了农业废弃物的利用率和资源化水平。

此外，农村电商还推动了农业废弃物的创新利用和产业化发展。例如，一些地区通过农村电商平台推广由秸秆编织品、畜禽粪便制成的有机肥料等环保产品，不仅促进了乡村特色产业的发展，还提高了农业废弃物的附加值和市场竞争力。这些创新利用和产业化发展不仅有助于解决农业废弃物的环境污染问题，还有助于推动乡村经济的绿色转型和可持续发展。

（三）文化振兴

1. 新理念、新文化的引入

农村电商的发展不仅带来了经济的繁荣，更促进了城乡文化的交流与融合，为乡村社会注入了新的理念和文化元素。农村电商作为新兴业态，其本身的运营理念、管理模式和市场机制就代表了现代商业文明的发展方向。农民在参与电商经营的过程中，逐渐接触和接受了这些现代商业文明的理念，如市场导向、客户至上、诚信经营等，这些理念逐渐渗透到乡村社会的各个层面，对乡村社会的价值观念和行为模式产生了深远影响。

农村电商的发展还促进了城乡文化的交流与融合，随着电商平台的兴起，城市的文化产品、生活方式和价值观念逐渐渗透到乡村社会，为乡村居民提供了更多的文化选择和精神享受。乡村的特色文化和传统习俗也通过电商平台得以更广泛地传播和展示，吸引了大量城市居民的关注和喜爱，促进了城乡文化的双向交流与融合。此外，农村电商的发展还带动了乡村教育水平的提升。电商知识的普及和电商技能培训的开展，使乡村居民的文化素质和科技素养得到了显著提升。他们开始更加关注新知识、新技术的学习和应用，并逐渐形成了崇尚科学、追求创新的文化氛围。这种文化氛围的形成，为乡村社会的长远发展提供了有力的智力支持。

2. 促进乡村文明建设与社会和谐

农村电商的发展不仅带来了经济的繁荣和新理念、新文化的引入，还促进了乡村文明建设与社会和谐。农村电商的发展推动了乡村社会的法治化进程，随着电商平台的兴起，乡村居民的法律意识和维权意识得到了显著提升，他们开始更加关注对自身权益的保护，积极寻求法律途径解决纠纷和问题。政府部门也加强了对电商平台的监管和治理，为乡村社会的法治化进程提供了有力保障。农村电商的发展促进了乡村社会的道德建设。在电商经营过程中，诚信经营、公平竞争等商业道德逐渐得到乡村居民的认同和遵循，他们开始更加注重个人品德的修养和社会责任的承担，积极参与乡村社会的公益事业和志愿服务活动。这种道德建设的推进，为乡村社会的长远发展提供了有力的道德支撑。

农村电商的发展还促进了乡村社会的和谐稳定，随着电商平台的兴起，乡村居民的收入水平和生活质量得到了显著提升，他们开始更加关注自身和家庭的幸福安康，积极参与到乡村社会的建设和治理中。电商平台也为乡村居民提供了更多的社交和娱乐方式，增进了他们之间的交流和友谊，这种和谐稳定的社会氛围的形成，为乡村社会的长远发展提供了有力的社会基础。此外，农村电商的发展还带动了乡村文化产业的兴起，电商平台的兴起促进乡村的特色文化和传统习俗得到了更广泛的传播和展示，吸引了大量游客前来观光旅游，体验乡村文化。这种文化产业的兴起，不仅为乡村社会带来了更多的经济收益，还促进了乡村文化的传承和创新。乡村文化产业的兴起也为乡村社会的长远发展提供了更多的就业机会和创业平台。

第二节 青年"乡村 CEO"引领的农村电商创新模式

一、青年"乡村 CEO"驱动的电商平台创新与升级

（一）电商平台的技术创新与功能完善

1. 引入新技术提升平台用户体验

青年"乡村 CEO"深知，在激烈的市场竞争中，用户体验是电商平台吸引用户、留住用户的核心要素。因此，他们积极引入新技术，不断优化平台界面设计、提升系统响应速度、增强交互体验，以确保农民用户能够轻松、便捷地使用电商平台。

一方面，青年"乡村 CEO"利用大数据、人工智能等先进技术，对农民用户的浏览行为、购买习惯进行深入分析，从而精准推送符合其需求的农产品信息，提高用户满意度和购买转化率。这种个性化、智能化的服务方式，不仅提升了农民用户的购物体验，也增强了他们对电商平台的信任和依赖。

另一方面，青年"乡村CEO"注重平台技术的稳定性和安全性，通过引入先进的加密技术、防火墙等安全措施，确保农民用户的个人信息和交易数据得到妥善保护，这种对用户隐私和数据安全的重视，进一步赢得了农民用户的信任和支持。

2. 开发新功能满足农民多样化需求

农村电商市场的特殊性在于其服务对象的多样性。农民用户不仅关注农产品的价格和质量，还关注平台的便捷性、实用性以及其提供全方位的服务。青年"乡村CEO"深知这一点，因此他们不断开发新功能，以满足农民用户的多样化需求。

一方面，青年"乡村CEO"根据农民用户的实际需求，开发了在线支付、订单追踪、售后服务等一系列便捷功能。这些功能的使用，使得农民用户能够更加方便快捷地完成购买、支付和售后等流程，提高了他们的购物效率和满意度。另一方面，青年"乡村CEO"还注重平台的实用性拓展。他们结合农村地区的实际情况，开发了农产品信息发布、农业技术交流、农村旅游推广等功能模块。这些功能模块的引入，不仅丰富了电商平台的服务内容，也为农民用户提供了更多的信息获取和交流渠道。此外，青年"乡村CEO"还积极探索电商平台与社交媒体的融合发展。他们通过开设电商平台官方账号、建立社群等方式，加强与农民用户的互动和交流，提高了平台的黏性和用户活跃度。这种社交化的电商模式，不仅增强了农民用户对电商平台的归属感和认同感，也为农村电商的发展开辟了新的路径。

（二）电商平台的运营模式创新

1. 打造特色化、品牌化的农产品电商平台

随着互联网技术的飞速发展，电商平台已成为农产品销售的重要渠道。青年"乡村CEO"作为乡村振兴的重要力量，凭借其敏锐的市场洞察力和创新的管理思维，正引领着农产品电商平台向特色化、品牌化的方向迈进。

特色化农产品电商平台的建设，关键在于其深入挖掘地域特色，打造具有独特魅力的农产品品牌。这一过程不仅要求青年"乡村CEO"具备深厚的

农业知识和敏锐的市场洞察力，还需要他们具备出色的品牌策划和营销推广能力。青年"乡村CEO"需要深入了解当地农产品的种植历史、文化背景和独特加工工艺，将这些元素融入品牌故事中，以增强品牌的吸引力和认同感。例如，可以通过讲述当地农民世代种植某种农作物的传统，或介绍某种农产品背后的独特加工工艺，来吸引消费者的注意。

在品牌塑造过程中，青年"乡村CEO"还需注重品质控制，确保农产品从种植、加工到包装等各个环节都符合标准，甚至超越消费者的期待。通过严格的品质控制，可以赢得消费者的信任，建立良好的口碑，为品牌的长远发展奠定基础。此外，青年"乡村CEO"还需创新营销方式，利用社交媒体、短视频、直播等新媒体平台，向消费者展示农产品的特色和背后的故事。同时，可以与当地的旅游、文化等资源结合，开展一系列有趣的互动活动，以吸引更多关注和参与，进一步提升品牌知名度和影响力。

2. 构建线上线下相结合的O2O运营模式

O2O（Online To Offline）模式作为一种线上与线下相结合的商业模式，正逐渐成为农产品电商平台的重要发展方向。青年"乡村CEO"通过引入O2O运营模式，可以打破传统电商的地域限制，为消费者提供更加便捷、丰富的购物体验。

在O2O运营模式中，线上平台主要承担商品展示、订单处理、支付结算等职责。青年"乡村CEO"需要打造一个功能齐全、用户体验良好的线上平台，以吸引更多潜在消费者的关注。通过线上平台的推广和引流，可以将消费者吸引至线下实体店进行体验和消费。线下门店则主要负责商品的展示、体验和售后服务等。青年"乡村CEO"需要合理规划线下门店的位置和数量，确保能够覆盖目标客户群体。同时，线下门店还可以提供线上平台所无法提供的实物展示和亲身体验，增强消费者的购买意愿和信任度。线上线下互动是O2O运营模式的核心。青年"乡村CEO"需要通过线上平台为线下门店引流，如线上预订、线下体验等。同时，线下门店也可以为线上平台提供支持，如线下提货、售后服务等。通过线上线下互动，可以实现线上线下的无缝对接和深度融合，提升整体运营效率和用户满意度。在实施O2O运营模式时，青年"乡村CEO"还需注重数据收集和分析。通过线上平台和线下门店收集用户行为数据、销售数据等，并利用大数据技术对此进行深度分析，可以了解用户需求和市场趋势。基于数据分析结果，青年"乡村CEO"可以不断优化产品和服务，提高用户满意度和忠诚度。

同时，青年"乡村CEO"还需建立完善的物流配送体系和售后服务体系。通过高效配送和物流跟踪服务，可以确保商品能够及时送达消费者手中。而建立完善的退换货政策和流程，则可以为消费者提供便捷的售后服务支持。这些措施的实施将进一步提升消费者的购物体验和满意度，为电商平台的长远发展奠定基础。

（三）电商平台的服务体系创新

1. 提供全方位、"一站式"的电商服务

青年"乡村CEO"深知，农村电商的服务对象主要是农民和农产品消费者，他们对于电商平台的期望不仅仅是简单的买卖交易，更是希望获得全方位、一站式的服务体验。因此，青年"乡村CEO"在电商平台的设计与运营中，注重整合各类资源，提供涵盖农产品销售、物流配送、支付结算、信息咨询等多方面的服务，以满足用户多样化的需求。

具体而言，青年"乡村CEO"通过电商平台，为农民提供便捷的农产品上架、价格设定、营销推广等服务，帮助他们将农产品更好地推向市场。同时，平台还通过集成物流配送系统，实现农产品的快速、准确配送，解决农产品流通中的"最后一公里"问题。在支付结算方面，青年"乡村CEO"引入多种支付方式，如移动支付、网上银行等，方便用户进行交易，提高支付效率。此外，平台还提供农业信息咨询、技术培训等服务，帮助农民提升农业生产技能，促进农业现代化发展。

这种全方位、"一站式"的电商服务，不仅提升了用户的购物体验，也增强了电商平台的吸引力和竞争力。青年"乡村CEO"通过不断优化服务流程、提高服务质量，使得电商平台成为农民和农产品消费者信赖的首选平台。

2. 建立完善的售后服务与反馈机制

在电商平台运营中,售后服务与反馈机制是衡量平台服务质量的重要指标。青年"乡村 CEO"深知这一点,只有建立完善的售后服务机制,才能及时响应用户需求,解决用户在使用过程中遇到的问题,从而提升用户满意度和忠诚度。因此,青年"乡村 CEO"在电商平台中设立了专门的售后服务团队,负责处理用户的投诉、退换货等售后问题。他们通过在线客服、电话热线等多种渠道,为用户提供及时、有效的售后服务。青年"乡村 CEO"还注重建立用户反馈机制,鼓励用户对平台服务进行评价并提出建议,以便及时发现服务中的不足并进行改进。

为了进一步完善售后服务与反馈机制,青年"乡村 CEO"还引入了智能化技术,如人工智能客服、大数据分析等。通过智能化技术,平台能够更快速地响应用户需求,更准确地识别问题所在,并提供个性化的解决方案。这种智能化的售后服务方式,不仅提高了服务效率,也提升了用户的服务体验。

二、青年"乡村 CEO"推动的农村电商生态体系建设

(一)电商人才培训体系建设

1. 开展电商技能培训,提升农民电商素养

农村电商的蓬勃发展依赖于农民电商素养的全面提升和传统农业向现代农业的转型。这就要求农民不仅要掌握基本的农业生产技能,还需具备互联网思维和市场运营能力。青年"乡村 CEO"深刻认识到这一点,他们积极组织并开展了一系列电商技能培训活动,旨在打破农民对电商的陌生感和距离感,激发其参与电商的热情和信心。

这些培训活动通常涵盖电商基础知识、网店运营技巧、产品拍摄与美化、网络营销策略等多个方面,采用理论讲解与实操演练相结合的方式,确保农民能够学以致用。通过培训,农民不仅学会了如何开设和管理网店,还掌握了如何利用社交媒体、短视频等新媒体平台进行产品推广和销售的技巧,有效拓宽了农产品的销售渠道,提高了市场竞争力。更重要的是,电商技能培

训还促进了农民思维方式的转变。从传统的"等靠要"到主动拥抱市场，农民开始学会用市场的眼光审视自己的产品，用互联网的工具扩大自己品牌的知名度，这种思维方式的转变是农村电商持续发展的内在动力。

2. 引进高端电商人才，为农村电商发展提供智力支持

除了提升本土农民的电商素养以外，青年"乡村 CEO"还深知，农村电商的长远发展离不开高端电商人才的支撑。因此，他们积极拓宽人才引进渠道，通过政策激励、平台搭建等多种方式，吸引并留住了一批具有丰富电商经验和创新思维的高端人才。

这些高端电商人才不仅带来了先进的电商运营理念和管理经验，还帮助农村电商企业完善了供应链体系，优化了物流配送网络，提升了客户服务质量。他们的加入，使得农村电商能够更加精准地定位市场需求，开发出更符合消费者口味的农产品，从而在激烈的市场竞争中脱颖而出。同时，高端电商人才还发挥着"传帮带"的作用。他们通过举办讲座、开展培训、指导实践等方式，将自己的知识和技能传授给更多的本土农民和青年创业者，为农村电商提供了一批又一批的后备力量。这种人才梯队的形成，为农村电商的持续发展提供了源源不断的智力支持。

（二）电商物流体系建设

1. 完善农村物流基础设施，提高物流配送能力

农村物流基础设施的完善是提升物流配送能力的前提和基础。青年"乡村 CEO"深知，农村电商的发展离不开高效、便捷的物流支撑，而农村物流基础设施的完善则是实现这一目标的关键。因此，他们积极推动政府、企业和社会各界加大对农村物流基础设施的投入，加快农村道路、桥梁、仓储、快递网点等基础设施的建设和改造升级。

具体而言，青年"乡村 CEO"倡导并实施了多种措施。首先，他们推动政府加大对农村公路建设的投入，提高农村公路的通达性和通行能力，为物流配送提供坚实的交通保障。其次，他们鼓励和支持物流企业在农村地区建设仓储设施和快递网点，缩短物流配送距离，提高物流配送效率。同时，他们还积极引入物联网、大数据等现代信息技术，实现农村物流的智能化、信息化管理，提高物流配送的精准度和透明度。

此外，青年"乡村CEO"还注重农村冷链物流体系的建设。农产品具有易腐、易损等特点，对物流配送的时效性和安全性要求较高。因此，他们积极推动政府和企业加大对农村冷链物流设施的投入，建设一批现代化农产品冷链快递物流基地，并配备冷藏库、冷冻库等设施，确保农产品在运输过程中的新鲜度和安全性。

2. 引入先进物流管理模式，提升物流服务水平

除完善农村物流基础设施外，青年"乡村CEO"还注重引入先进物流管理模式，提升物流服务水平。他们深刻认识到，物流管理的科学性和合理性对于提高物流配送效率、降低物流成本、提升用户满意度具有重要意义。

在引入先进物流管理模式方面，青年"乡村CEO"采取了多种措施。他们推动物流企业采用先进的物流管理信息系统，实现对物流信息的实时监控和追踪，提高物流配送的精准度和透明度，鼓励物流企业采用智能化、自动化的仓储和分拣设备，提高物流配送的效率和准确性，还积极推广共同配送、夜间配送等先进物流模式，优化物流配送流程，降低物流成本。此外，青年"乡村CEO"还注重提升物流服务水平。他们倡导物流企业树立用户至上的服务理念，加强员工培训和服务质量管理，提高物流服务的专业性和规范性，还积极建立用户反馈机制，及时收集和处理用户意见和建议，不断优化物流服务流程和提高服务质量。

在引入先进物流管理模式和提升物流服务水平的过程中，青年"乡村CEO"还注重与政府、企业和社会各界的合作与协同。他们通过政府引导、企业主导、社会参与的方式，形成合力推动农村电商物流体系的建设和发展。例如，他们积极与邮政、快递企业合作，推动邮快合作、客货联运等物流模式的创新与实践；他们还积极引入社会资本参与到农村电商物流体系的建设和运营中，为农村电商物流体系的发展提供资金支持和市场活力。

（三）电商金融服务体系建设

1. 提供便捷、高效的电商金融服务

农村电商的快速发展，对金融服务提出了更高要求。传统金融服务往往因农村地区的地理、经济等条件限制，难以完全满足农村电商的需求。青年"乡村CEO"敏锐地捕捉到这一痛点，他们利用现代信息技术和金融科技手段，致力于打破传统金融服务的时空限制，为农村电商提供便捷、高效的金融服务。

一方面，青年"乡村CEO"通过与金融机构开展合作，引入在线支付、移动支付等现代化支付手段，使农民在电商交易中能够方便快捷地完成支付和结算。这些支付手段不仅提高了交易效率，还降低了交易成本，为农村电商的快速发展提供了有力支持。另一方面，青年"乡村CEO"还积极推动金融服务的数字化、智能化转型。他们利用大数据、云计算等技术，对农民和农村电商企业的信用状况、经营状况等进行全面、准确的评估，从而为金融机构提供风险可控、效益可观的贷款对象。这种基于数据的金融服务模式，不仅提高了金融服务的可获得性，还降低了金融机构的风险成本，促进了农村电商金融服务的可持续发展。

2. 创新金融产品和服务模式，满足农民多元化金融需求

农民作为农村电商的主体，其金融需求具有多元化、个性化的特点。青年"乡村CEO"深知，要满足农民的金融需求，就必须创新金融产品和服务模式，提供更加贴近农民实际、符合农民需求的金融服务。

在金融产品方面，青年"乡村CEO"积极推动金融机构开发适合农村电商特点的贷款产品。这些贷款产品不仅考虑了农民的信用状况、经营状况等因素，还结合了农村电商的特殊性，如季节性销售、资金周转快等特点，为农民提供了更加灵活、便捷的贷款服务。

在服务模式方面，青年"乡村CEO"注重将金融服务与农村电商的实际需求相结合。他们通过设立金融服务站点、开展金融知识普及活动等方式，将金融服务送到农民身边，让农民能够更加方便地了解和使用金融服务，还积极推动金融服务与农村电商平台的融合，使农民在电商交易中能够直接享

受到金融服务带来的便利和优惠。此外，青年"乡村CEO"还注重发挥金融服务的引领作用，推动农村电商的产业升级和转型升级，通过提供金融支持，鼓励农民和农村电商企业加大技术创新和产品研发力度，提升产品质量和附加值，从而增强其市场竞争力和盈利能力。

第三节　农村电商促进农产品品牌化的路径与策略

一、农村电商促进农产品品牌化的路径

（一）品质提升路径

1. 标准化生产流程的建立

标准化生产流程是农产品品牌化的基础。农产品由于其生长环境的多样性和生产过程的复杂性，往往难以保证品质的一致性，因此农村电商的兴起为农产品标准化生产提供了契机。通过电商平台，农产品的销售范围大大扩展，消费者对农产品的品质要求也日益提高。为了满足市场需求，农产品生产者必须建立标准化的生产流程，确保农产品的品质稳定可靠。

标准化生产流程的建立需要从多个方面入手，要制定统一的生产标准和操作规程，明确各个环节的技术要求和操作规范。例如，在种植过程中，要确定适宜的播种时间、种植密度、施肥量和灌溉方式等；在养殖过程中，要规定饲料配方、饲养环境和疾病防控措施等；在生产过程中，加强质量监控和检测，及时发现和解决质量问题，通过建立质量追溯体系，可以对农产品的生产全过程进行记录和监控，确保农产品的品质符合标准要求。

农村电商在推动标准化生产流程的建立中发挥了重要作用。一方面，电商平台可以通过数据分析，了解消费者的需求和偏好，为农产品生产者提供市场导向，引导其按照市场需求进行标准化生产。另一方面，电商平台还可以为农产品生产者提供技术支持和培训服务，帮助其提高生产管理水平和技术水平，实现标准化生产。

2. 农产品质量追溯体系的完善

农产品质量追溯体系是保障农产品品质的重要手段。质量追溯体系可以对农产品的生产、加工、流通等环节进行全程记录和监控，确保农产品的品质符合标准要求。质量追溯体系还可以提高消费者的信任度和购买意愿，为农产品品牌化提供有力支持。

农村电商在推动农产品质量追溯体系的完善中发挥了重要作用。一方面，电商平台可以通过技术手段，如物联网、大数据等，实现农产品生产全过程的数字化和智能化管理，为质量追溯提供技术支持。例如，通过在农田中部署传感器，可以实时监测土壤湿度、光照强度等环境参数，为农产品生产提供精准的数据支持。另一方面，电商平台还可以为农产品生产者提供质量追溯系统的建设和运营服务，帮助其建立完善的质量追溯体系。

在质量追溯体系的建设中，还需要注重信息的透明化和公开化。通过电商平台，消费者可以查询农产品的生产信息、质量检测结果等，了解农产品的品质状况，不仅可以提高消费者的信任度和购买意愿，还可以促进农产品生产者的诚信经营和加强农产品的品牌化建设。

3. 优质农产品品种的选育与推广

优质农产品品种的选育与推广是提升农产品品质的关键。通过选育和推广优质农产品品种，可以提高农产品的产量、品质和抗逆性，满足消费者对高品质农产品的需求。优质农产品品种的选育与推广还可以推动农业产业结构的优化升级，提高农业生产的效益和竞争力。

农村电商在推动优质农产品品种的选育与推广中发挥了重要作用。一方面，农村电商平台可以通过数据分析，了解消费者的需求和偏好，为农产品生产者提供市场导向，引导其选育和推广符合市场需求的优质农产品品种。另一方面，农村电商平台还可以为农产品生产者提供技术支持和信息服务，帮助其提高育种水平和推广能力。在优质农产品品种的选育与推广中，还需要注重知识产权的保护和利用。可以通过申请专利、注册商标等方式，保护农产品品种的知识产权，防止侵权和假冒行为的发生；还可以通过授权经营、技术转让等方式，实现优质农产品品种的商业化利用和产业化发展。

（二）品牌建设路径

1. 农产品品牌形象的塑造与传播

农产品品牌形象的塑造与传播是品牌建设路径的核心环节。品牌形象的塑造需要明确品牌定位，即确定农产品的目标市场、核心价值和差异化特点。例如，对于有机农产品，可以定位为中高收入、注重健康生活品质的城市消费者群体，强调其绿色、健康、环保的特性。通过市场调研了解目标市场的需求和偏好，有助于更精准地塑造品牌形象。

在品牌形象的具体塑造上，应设计具有辨识度的品牌标识，包括品牌名称、标志、包装等。品牌名称应简洁明了，易于记忆和传播；品牌标志要能够体现农产品的特点，如以农产品的形状、产地的地标建筑或农产品收获场景为设计元素；品牌包装则要注重实用性和美观性，既要保证产品的新鲜度和运输安全，又要符合现代消费者的审美。例如，一些高端农产品采用精美的礼盒包装，体现了农产品的品质感。

品牌形象的传播则需要借助多种渠道。在线上，可以利用社交媒体平台（如微信、微博、抖音、小红书等）进行内容营销，发布关于农产品的种植知识、烹饪教程、营养价值介绍等有价值的内容，吸引用户的关注和分享，利用社交媒体的互动功能开展话题讨论、问答活动等，增强与消费者的互动。还可以在电商平台（如淘宝、京东、拼多多等）开设品牌店铺，注重店铺的整体形象和产品详情页的展示，提升品牌的线上影响力。在线下，可以参加农产品展会与展销会，通过实物展示、图片展示、视频播放等多种方式全方位展示农产品的特点。在展会期间举办新闻发布会、品鉴会等活动，邀请新闻媒体对品牌进行报道，提高品牌的知名度和公信力。还可以与超市、专卖店、餐饮企业、酒店等实体店合作推广，将农产品直接送达消费者手中，扩大品牌的推广范围。

2. 品牌故事的挖掘与讲述

品牌故事的挖掘与讲述是增强品牌吸引力和认同感的重要手段。每个农产品都有其独特的生长环境、种植过程和文化背景，这些都可以成为品牌故事的内容。例如，一个家族几代人传承的种植技艺，或者是农产品产地的古老传说，都可以成为品牌故事的一部分。

在挖掘品牌故事时，应注重故事的真实性和感染力。真实的故事能够引起消费者的情感共鸣，增强品牌的可信度；而具有感染力的故事则能够激发消费者的购买欲望。例如，一种传统手工制作的农产品，可以讲述手工艺人的匠心精神和对传统工艺的坚守，让消费者在品尝农产品的同时，感受到其背后的文化价值和人文关怀。

在讲述品牌故事时，可以利用多种传播渠道。在线上，可以通过短视频、直播等形式生动形象地展示农产品的生长过程和文化背景。例如，一些农村电商创作者通过抖音等短视频平台，沉浸式展示高山萝卜的全部生产过程，让消费者充分领略农产品背后的生态环境和风土人情。在线下，则可以通过举办品鉴会、烹饪比赛等活动，让消费者亲身体验农产品的品质和魅力，同时讲述品牌故事，增强消费者对品牌的认知和信任。

3. 品牌文化的培育与传承

品牌文化的培育与传承是品牌建设路径中的长期任务。品牌文化不仅关乎品牌的形象和故事，更关乎品牌的价值观和使命。通过培育具有地域特色和文化内涵的品牌文化，可以提升农产品的附加值和市场竞争力。

在品牌文化的培育上，应充分挖掘和利用当地的文化资源。例如，青海主打"净土青海，高原臻品"文化牌，成功推动了部分农产品的出口，起到了文化赋能作用。其他地区的农产品品牌也可以借鉴这一做法，结合当地的历史文化、风土人情等元素，打造具有地域特色的品牌文化。同时，品牌文化的培育还需要注重与消费者的互动。通过举办各种文化活动、公益活动等，增强消费者对农产品品牌的认同感和忠诚度。例如，一些农产品品牌可以与旅游企业合作推出农产品旅游线路等，通过合作实现资源共享、优势互补，提升品牌知名度和影响力。

在品牌文化的传承上，应注重品牌文化的持续性和稳定性。通过制定品牌文化手册、开展品牌文化培训等方式，确保品牌文化的核心理念和价值观得到传承和发扬，还应关注市场变化和消费者需求的变化，及时对品牌文化进行调整和优化，保持品牌文化的活力和创新力。

(三) 营销创新路径

1. 农村电商平台的营销功能利用

农村电商平台作为农产品销售的主要阵地，其营销功能的充分利用对于农产品品牌化具有至关重要的作用。电商平台通过提供商品展示、在线交易、物流配送等一站式服务，为农产品品牌化提供了便捷的渠道。通过精心设计的店铺页面、详细的产品描述和高质量的产品图片，电商平台能够直观地展示农产品的特色和优势，增强消费者的购买意愿。电商平台通过数据分析和对用户行为进行研究，能够精准定位目标消费群体，为农产品品牌化提供市场导向。通过对消费者的购买记录、浏览习惯等数据的分析，电商平台可以深入了解消费者的需求和偏好，从而帮助农产品生产者制定具有针对性的营销策略，提高农产品品牌的市场竞争力。此外，电商平台还可以通过举办各种促销活动，如限时抢购、满减优惠、积分兑换等，吸引消费者的关注和购买，提升农产品的销量和品牌影响力。这些活动不仅能够增加消费者的购买频率和客单价，还能够通过口碑传播效应，扩大农产品的知名度和美誉度。

2. 社交媒体与短视频营销策略

社交媒体与短视频作为新兴的营销渠道，具有传播速度快、覆盖范围广、互动性强等特点，对促进农产品品牌化具有独特优势。社交媒体平台如微信、微博等，通过用户之间的关注和分享，能够实现信息的快速传播，迅速提升农产品的知名度和影响力。农产品生产者可以通过在社交媒体平台上发布产品信息、种植过程、农事体验等内容，吸引消费者的关注和互动，形成口碑传播效应。短视频平台如抖音、快手等，以其直观、生动的表现形式，成为农产品品牌化的重要工具。通过短视频，农产品生产者可以直观地展示农产品的生长环境、采摘过程、烹饪方法等，增强消费者的购买信心。同时，短视频平台上的网红和KOL（关键意见领袖）也成为农产品品牌化的重要推手，他们通过直播带货、产品评测等方式，为农产品品牌化提供了有力的支持。在社交媒体与短视频营销策略中，内容创新是关键，农产品生产者需要深入挖掘农产品的特色和优势，结合消费者的需求和偏好，创作出具有吸引力和感染力的内容，还需要注重与消费者的互动和沟通，及时回应消费者的疑问和反馈，建立良好的品牌形象和口碑。

3. 线上线下融合的全渠道营销模式

线上线下融合的全渠道营销模式是农产品品牌化的重要趋势，通过线上线下的无缝对接和协同作用，能够实现农产品的全渠道覆盖和精准营销。线上渠道如电商平台、社交媒体等，通过提供便捷的购物体验和丰富的产品信息，吸引消费者的关注并使其产生购买欲望。线下渠道如实体店、农产品展销会等，则通过提供实物展示和现场体验，增强消费者的购买信心和满意度。线上线下融合的全渠道营销模式不仅提高了农产品的销售效率和品牌影响力，还通过数据分析和用户行为研究，为农产品品牌化提供了精准的市场导向。通过对线上线下的销售数据、用户行为等数据进行分析，可以深入了解消费者的需求和偏好，从而帮助农产品生产者制定针对性的营销策略，提高品牌的市场竞争力。

在采用线上线下融合的全渠道营销模式时，需要注重渠道的整合和协同作用。一方面，需要确保线上线下的产品信息、价格、促销等保持一致，避免消费者产生疑虑和不满。另一方面，需要充分利用线上线下的优势资源，实现渠道的互补和协同作用。例如，可以通过线上渠道吸引消费者的关注和促使其购买农产品；通过线下渠道提供实物展示和现场体验，提高消费者的购买信心和满意度。此外，还需要注重全渠道营销模式的创新和实践，通过不断探索和实践新的营销模式和方法，如直播带货、社群营销等，可以为农产品品牌化提供新的动力和支持，还需要注重与消费者的互动和沟通，建立良好的品牌形象和口碑，提高农产品品牌的市场竞争力和影响力。

二、农村电商促进农产品品牌化的策略

（一）企业主体策略

1. 企业品牌意识的提升

企业品牌意识是农产品品牌化的前提和基础。在农村电商的推动下，企

业必须深刻认识到品牌对于农产品市场竞争力的重要性,将品牌建设纳入企业发展的长期战略规划中。

企业需明确品牌定位,这是品牌意识提升的关键一步。品牌定位不仅要考虑农产品的特性、目标消费群体以及市场需求,还要结合企业的自身资源和优势,确定品牌在市场中的独特位置和形象。例如,对于具有地域特色的农产品,企业可以突出其地域文化特色,打造具有鲜明地域标识的品牌形象。企业要树立品牌价值观,这是品牌意识的核心。品牌价值观是品牌与消费者之间情感联系的纽带,体现了品牌对于消费者需求的满足和承诺。企业应通过深入挖掘农产品的文化内涵和品质特点,提炼出具有吸引力的品牌价值观,并通过各种传播渠道传递给消费者,增强消费者对品牌的认同感和忠诚度。此外,企业还应加强品牌保护意识。在品牌建设过程中,企业要注重对商标的注册和保护,防止品牌被侵权和滥用,还要建立健全品牌管理制度,规范品牌的使用和传播行为,确保品牌形象的完整性和一致性。

2. 农产品品牌化运营团队的建设

农产品品牌化运营团队是农产品品牌化的执行者和推动者,一个高效、专业的运营团队对于农产品品牌化的成功至关重要。企业要组建一支具备品牌策划、市场营销、电子商务等多方面专业知识和技能的运营团队,这支团队应能够准确把握市场动态和消费者需求,制定切实可行的品牌化运营策略,团队成员还应具备良好的沟通能力和团队协作精神,确保品牌化运营工作的顺利进行。企业要加强对运营团队的培训和管理,通过定期的培训和学习,提升团队成员的专业素养和业务能力,还要建立健全的激励机制和考核制度,激发团队成员的积极性和创造力,确保农产品品牌化运营工作的高效开展。此外,企业还应注重运营团队与农村电商平台的合作与协同,农村电商平台作为农产品品牌化的重要载体和渠道,其运营团队应与企业品牌化运营团队保持密切沟通和合作,共同推动农产品品牌化的进程。

3. 农产品品牌化与创新技术的结合

创新技术是农产品品牌化的重要支撑和驱动力。在农村电商的推动下,企业应积极将创新技术应用于农产品品牌化过程中,提升品牌的科技含量和附加值。企业可以利用现代信息技术手段提升农产品的品质控制和追溯能力。通过引入物联网、大数据等技术，实现对农产品生产、加工、运输等全过程的实时监控和追溯，确保农产品的质量和安全。企业还可以将这些信息通过二维码等形式展示给消费者，增强消费者对农产品品牌的信任度和满意度。

企业可以利用电子商务平台的营销工具提升品牌的知名度和影响力。例如，通过搜索引擎优化（SEO）、社交媒体营销（SMM）、内容营销等手段，提高品牌在网络上的曝光度和关注度。企业还可以利用电商平台的数据分析工具，深入了解消费者的购买行为和偏好，为品牌化运营提供数据支持。此外，企业还可以结合新技术开发具有创新性的农产品。例如，通过基因工程技术培育出具有特殊品质或功能的农产品；通过纳米技术提升农产品的保鲜效果和口感等。这些创新性的农产品不仅能够满足消费者的多样化需求，还能够提升农产品品牌的差异化竞争优势。

（二）社会参与策略

1. 消费者品牌认知的培养

消费者是农产品品牌的最终评判者和接受者，品牌认知的程度直接影响着农产品品牌的市场表现。因此，培养消费者品牌认知是农村电商促进农产品品牌化的首要任务。

农村电商可以通过多种渠道和方式，向消费者传递农产品的品牌信息。一方面，电商平台可以利用其庞大的用户基础和数据分析能力，精准定位目标消费群体，通过个性化推荐、广告投放等手段，将农产品品牌信息推送给潜在消费者，提高其品牌知名度。另一方面，农村电商还可以通过与知名博主、网红等合作，利用其影响力和粉丝基础，对农产品品牌的口碑进行传播，增强消费者对农产品品牌的信任度和好感度。此外，农村电商还可以通过举办线上线下的农产品品牌体验活动，如农产品品鉴会、农场开放日等，让消费者亲身体验农产品的品质和特色，从而加深对农产品品牌的认知和记忆。这些活动不仅能够增加消费者的品牌忠诚度，还能够通过消费者的口碑传播，吸引更多潜在消费者的关注。

第五章 青年"乡村CEO"与浙江农村电商发展

在培养消费者品牌认知的过程中,农村电商还需要注重农产品品牌故事的讲述和传播。每个农产品品牌背后都有其独特的故事和文化内涵,这些故事不仅能够增加品牌的情感价值,还能够激发消费者的共鸣和认同感。因此,农村电商应该深入挖掘和整理农产品品牌中的故事和文化元素,通过文字、图片、视频等多种形式进行传播,让消费者在了解产品的同时,也能够感受到品牌的魅力和价值。

2. 社会各界对农产品品牌的支持与宣传

农产品品牌化的过程不仅需要生产者的努力和消费者的认可,还需要社会各界的广泛支持和宣传。农村电商作为农产品品牌化的重要推手,应该积极争取政府、行业协会、媒体等社会各界的支持和合作。

政府可以通过制定相关政策和提供资金支持,为农产品品牌化创造有利的外部环境。例如,政府可以出台农产品品牌建设的专项规划,明确品牌建设的目标和重点任务;可以设立农产品品牌建设专项资金,用于支持农产品的品质提升、品牌宣传和推广等活动。

行业协会则可以发挥其桥梁和纽带作用,组织农产品生产者开展品牌建设和推广活动。例如,行业协会可以组织农产品品牌评选活动,提高消费者对农产品品牌的关注度和认知度;可以开展农产品品牌培训和交流活动,提升农产品生产者的品牌意识和品牌建设能力。

媒体则是农产品品牌宣传的重要渠道。农村电商可以与媒体合作,通过新闻报道、专题节目、公益广告等形式,广泛宣传农产品品牌的优势和特色,提高农产品品牌的知名度和美誉度。同时,媒体还可以对农产品品牌进行监督和评价,促进农产品品牌建设的规范化和可持续发展。

3. 农产品品牌化社会共治机制的构建

农产品品牌化是一个系统工程,需要政府、生产者、消费者、行业协会、媒体等社会各界的共同参与和治理。因此,构建农产品品牌化社会共治机制是农村电商促进农产品品牌化的重要策略之一。

农产品品牌化社会共治机制可以通过建立多方参与的协作平台来实现。这个平台可以由政府主导,邀请生产者、消费者、行业协会、媒体等各方代表参与，共同制定农产品品牌建设的规划和政策，协调各方利益，推动品牌建设的顺利进行。社会共治机制还需要建立有效的监督和评价机制，政府可以设立专门的监督机构或委托第三方机构对农产品品牌进行监督和评价，确保品牌建设的规范性和有效性。行业协会和媒体也可以发挥其监督作用，对农产品品牌进行公开评价和曝光，促进品牌建设的透明化和公正性。此外，社会共治机制还需要注重消费者的参与和反馈，消费者是农产品品牌的最终使用者，其反馈和意见对于品牌建设的改进和完善具有重要意义。因此，农村电商应该建立消费者反馈机制，及时收集和处理消费者的意见和建议，不断优化和提升农产品品牌的品质和服务。

第六章 青年"乡村CEO"与浙江乡村文化振兴

第一节 乡村文化在农业农村现代化中的特殊价值

一、乡村文化对农业生产的促进作用

(一) 乡村文化中的农耕智慧与经验传承

1. 传统农耕文化的历史积淀

乡村文化作为中华优秀传统文化的重要组成部分,孕育了悠久而厚重的古代农耕文明。农耕文化,作为人们在长期农业生产中形成的一种风俗文化,集合各民俗文化于一体,形成了独特的文化内容和文化特征,涵盖了传统农业技艺、农耕节庆活动、乡村文化遗产等多个方面,是中国农民长期实践和积累的智慧结晶。

从历史的维度来看,农耕文化的历史积淀深厚而丰富。早在河姆渡时期出土的谷物化石便证明了"农耕"由此或更早产生。而在屈家岭文化遗址中,更是发现了长江中游史前稻作的遗存,这进一步证明了农耕文化在中华文明发展中的重要地位。随着历史的发展,农耕文化逐渐形成了以"男耕女织""耕读传家"为代表的农耕生活模式,这种"日出而作,日入而息,凿井而

饮，耕田而食"的农耕生活，不仅是中国儒家文化的理想与追求，也是农耕文化深厚历史积淀的具体体现。

在农耕文化的历史积淀中，包含了大量关于农业生产的智慧与经验。这些智慧与经验通过口耳相传、师徒传承等方式，代代相传，为后世农业生产提供了宝贵的借鉴。例如，古人根据天文历法，总结出了"二十四节气"，以指导农业生产；同时，他们还根据土壤、气候等自然条件，发展出了多种耕作制度和农作技术，如轮作、间作、套作等，这些技术和制度至今仍在现代农业中发挥着重要作用。

2. 农耕智慧在现代农业中的应用价值

随着现代农业的快速发展，传统农耕智慧在现代农业中的应用价值日益凸显。一方面，传统农耕智慧中的许多经验和做法，经过现代科技的验证和改造，依然能够为现代农业提供有益的参考。例如，传统农耕中的有机耕作、轮作休耕等做法，在现代农业的可持续发展和生态环境保护中具有重要的应用价值。这些做法不仅能够减少化肥和农药的使用，降低对环境的污染，还能够提高土壤的肥力和农作物的产量与质量。

另一方面，传统农耕智慧中的许多理念和精神，如尊重自然、顺应自然、保护自然等，也为现代农业的绿色发展提供了重要的思想指导。在现代农业中，强调人与自然的和谐共生，追求农业生产的可持续发展，已经成为一种共识。而传统农耕智慧中的这些理念和精神，正是现代农业绿色发展所追求的目标。因此，将传统农耕智慧与现代农业相结合，不仅能够推动现代农业的绿色发展，还能够提高农业生产的效益和竞争力。

（二）乡村文化对农业技术创新的影响

1. 乡村文化对农业技术创新的启发

乡村文化作为农业生产的文化基础和精神支撑，对农业技术创新具有重要的启发作用。一方面，乡村文化中的农耕智慧与经验传承为农业技术创新提供了丰富的素材和灵感。传统农耕文化中的许多经验和做法，经过现代科技的验证和改造，可以成为农业技术创新的重要来源。例如，古人根据天文历法总结出的"二十四节气",可以为现代农业的精准施肥、精准灌溉等提供重要的参考;同时,传统农耕中的有机耕作、轮作休耕等做法,也可以为现代农业的可持续发展提供有益的借鉴。

另一方面,乡村文化中的许多理念和精神也为农业技术创新提供了重要的思想指导。例如,乡村文化中的尊重自然、顺应自然、保护自然等理念,可以为现代农业的绿色发展提供重要的思想支撑。而乡村文化中的这些理念和精神,正是现代农业技术创新所追求的目标。因此,将乡村文化中的这些理念和精神融入农业技术创新中,可以推动现代农业的绿色发展和可持续发展。

此外,乡村文化中的许多传统技艺和工艺也为农业技术创新提供了重要的参考和借鉴。例如,传统农耕中的手工耕作、手工编织等技艺,虽然在现代农业中已经逐渐被机械化、自动化所替代,但是其中的许多原理和方法仍然可以为现代农业的技术创新提供有益的参考。例如,传统手工耕作中的精细耕作、精准施肥等做法,可以为现代农业的精准农业提供重要的参考;同时,传统手工编织中的纹理设计、色彩搭配等技巧,也可以为现代农业的农产品包装设计提供有益的借鉴。

2. 农业技术创新对乡村文化的反馈与融合

农业技术创新作为现代农业发展的重要驱动力,对乡村文化也具有重要的反馈与融合作用。一方面,农业技术创新为乡村文化的传承与发展提供了新的平台和载体。随着现代农业的快速发展,许多传统农耕技艺和工艺已经逐渐失传或面临濒危的境地。而农业技术创新的出现,为这些传统农耕技艺和工艺的传承与发展提供了新的平台和载体。例如,通过现代科技手段对传统农耕技艺和工艺进行数字化、网络化传播和展示,可以让更多的人了解和认识这些传统农耕技艺和工艺,从而促进它们的传承与发展。

另一方面,农业技术创新也为乡村文化的创新与发展提供了新的思路和方法。随着现代农业的快速发展,许多传统农耕理念和精神已经逐渐不能满足现代农业的需求。而农业技术创新的出现,为这些传统农耕理念和精神的创新与发展提供了新的思路和方法。例如,通过现代科技手段对传统农耕理念和精神进行改造和提升,可以推动它们与现代农业的需求相适应,从而促进它们的创新与发展。

此外,农业技术创新还为乡村文化与现代农业的融合发展提供了新的机遇和可能。随着现代农业的快速发展,乡村文化与现代农业的融合发展已经成为一种趋势。而农业技术创新的出现,为这种融合发展提供了新的机遇和可能。例如,通过现代科技手段将传统农耕技艺和工艺与现代农业技术相结合,可以创造出更多具有地方特色的农产品和农产品品牌;通过现代科技手段将传统农耕理念和精神与现代农业管理相结合,可以推动现代农业的绿色发展和可持续发展。这种融合发展不仅有助于推动现代农业的快速发展,也有助于推动乡村文化的传承与发展。

二、乡村文化对农村社会结构的稳定作用

(一)乡村文化与社会凝聚力的关系

1. 乡村文化在增强村民认同感中的作用

乡村文化作为乡村社会历史、传统、价值观和生活方式的集中体现,承载着乡村社会的共同记忆与情感认同。乡村文化中的传统习俗、节庆仪式、民间艺术等,通过世代相传,形成了村民之间独特的文化身份标识。这些文化元素不仅是乡村生活的组成部分,更是村民归属感和认同感的重要来源。例如,春节期间的舞龙舞狮、端午节的赛龙舟等习俗活动,不仅丰富了村民的精神生活,更在共同参与中增强了村民之间的情感联系,使他们对乡村文化产生强烈的认同感。

乡村文化中的家风家训、祖庙祠堂、村规民约等,通过具象化的规章制度和文化载体,为村民提供了共同的行为准则和价值导向。这些文化元素不仅规范了村民的日常行为,更在潜移默化中塑造了村民的道德观念和价值观念。例如,家风家训通过家庭内部的传承和教育,使村民从小就产生了对家庭、对乡村的责任感和归属感,这种责任感和归属感在成年后进一步转化为对乡村文化的认同和传承。此外,乡村文化中的传统手工艺、民俗技艺等,

通过师徒传承、集体制作等方式，不仅保留了乡村文化的独特性，更在共同劳作中增强了村民之间的团结协作精神。这种团结协作精神在乡村社会中发挥着重要作用，有助于解决矛盾纠纷、维护社会秩序。

2. 乡村文化对乡村社会稳定的贡献

乡村文化在增强村民认同感的同时，也对乡村社会稳定做出了重要贡献。乡村文化中的道德规范、价值观念等，通过文化教育和宣传普及，使村民形成了共同的是非观念和评价标准。例如，通过举办道德讲堂、励志故事分享等形式，引导村民树立正确的人生观、价值观，从而形成良好的社会道德风尚。

乡村文化中的节庆活动、民俗展演等，通过集体参与和共同体验，增强了村民之间的情感联系和社会凝聚力。这些活动不仅丰富了村民的精神生活，更在共同参与中形成了乡村社会的共同记忆和情感纽带。例如，通过举办乡村晚会、体育比赛等活动，村民在娱乐中增进了彼此的了解和友谊，有助于化解矛盾纠纷、维护社会稳定。此外，乡村文化中的传统技艺、民俗活动等，通过保护和传承，使乡村文化在新时代焕发出新的生机与活力。这种文化的延续和发展不仅有助于提升乡村社会的文化内涵和品质，更在潜移默化中塑造了村民的文化自信和归属感。这种文化自信和归属感是乡村社会稳定的重要基础，有助于村民在面对外部冲击和挑战时保持团结和维护乡村社会稳定。

（二）乡村文化在乡村治理中的作用

1. 乡村文化在乡村治理中的价值导向

乡村文化在乡村治理中发挥着重要的价值导向作用，乡村文化中的传统美德、道德伦理等，通过文化教育和宣传普及，使村民形成了共同的是非观念和评价标准。这种共同的是非观念和评价标准有助于村民在日常生活中自觉遵守社会规范、维护社会秩序。例如，通过举办道德讲堂、宣传栏等形式，引导村民树立正确的道德观念和行为规范，从而形成良好的社会道德风尚。此外，乡村文化中的红色文化等，通过传承和弘扬，使村民形成了共同的历史记忆和情感认同。这种共同的历史记忆和情感认同有助于村民在面对外部冲击和挑战时保持团结和稳定。例如，通过举办红色教育活动、参观革命遗址等形式，引导村民铭记历史、缅怀先烈，从而形成良好的社会道德风尚和爱国情怀。

2. 乡村文化对乡村治理模式的创新

乡村文化在乡村治理中不仅发挥着价值导向作用，更在推动乡村治理模式创新方面发挥着重要作用。乡村文化中的传统习俗、节庆仪式等，通过与现代治理理念和技术相结合，形成了独具特色的乡村治理模式。例如，通过举办"村BA"（乡村篮球赛）、"村晚"（乡村晚会）等群众性文体活动，将传统文化与现代治理理念相结合，形成了具有乡村特色的社会治理模式。

乡村文化中的家风家训、祖庙祠堂等，通过挖掘和传承其文化内涵和治理智慧，为乡村治理提供了有益的借鉴和启示。例如，通过挖掘家风家训中的治理智慧，引导村民养成文明礼貌、团结友爱的良好习惯；通过完善祖庙祠堂等文化载体，为村民提供了共同的精神寄托和文化认同。此外，乡村文化中的传统手工艺、民俗技艺等，通过与现代产业相结合，形成了具有乡村特色的文化产业和经济发展模式。例如，通过发展乡村旅游、手工艺品制作等产业，将传统文化与现代产业相结合，推动了乡村经济的持续发展和社会的和谐稳定。这种文化产业的兴起不仅为乡村治理提供了经济支撑，更在潜移默化中塑造了村民的文化自信和归属感。

三、乡村文化对农民精神风貌的塑造作用

（一）乡村文化对农民价值观的影响

1. 乡村文化中的道德观念与价值观传承

乡村文化作为一种具有地域性、传统性的文化形态，蕴含着丰富的道德观念和价值观，这些道德观念和价值观是在长期的历史发展过程中，由农民群众根据生产生活的实际需要，结合自身的文化传统和民族习俗，逐渐形成并传承下来的。它们以口口相传、身教示范等方式，潜移默化地影响着农民的思想和行为，成为农民精神世界的重要组成部分。

第六章 青年"乡村 CEO"与浙江乡村文化振兴

在乡村文化中,尊老爱幼、邻里和睦、勤劳节俭、诚实守信等传统美德被奉为圭臬。这些道德观念不仅规范了农民的日常行为,还塑造了农民的人格品质和精神风貌。例如,尊老爱幼的传统美德,使得农民在家庭中注重孝道,尊敬长辈,关爱子女,形成了和谐的家庭关系;邻里和睦的价值观,则促使农民在乡村社会中互帮互助,团结友爱,构建了良好的邻里关系。同时,乡村文化中的价值观也体现了农民对美好生活的向往和追求,农民们通过辛勤劳作,追求丰衣足食、安居乐业的生活;通过诚实守信,赢得他人的信任和尊重;通过勤劳节俭,积累财富,为后代留下丰厚的物质基础。这些价值观不仅激励着农民不断奋斗,还塑造了农民积极向上、自强不息的精神风貌。

2. 乡村文化对农民现代价值观的塑造

随着农业农村现代化的推进,乡村文化也在不断与时俱进,对农民的现代价值观产生着深远的影响。一方面,乡村文化中的传统美德和价值观在现代化进程中得到了新的诠释和发展。例如,尊老爱幼的传统美德在现代社会中被赋予了更多的内涵和意义,不仅要求农民在家庭中尊敬长辈、关爱子女,还要求农民在社会中尊重他人、关爱弱者;勤劳节俭的价值观在现代社会中也被赋予了新的时代特征,要求农民在追求物质财富的同时,也要注重精神文化的丰富和提升。

另一方面,乡村文化也在积极地吸收和借鉴现代文化的优秀成果,为农民的现代价值观塑造提供了新的思想资源和文化滋养。现代文化的科学精神、民主意识、法治观念等先进理念,通过乡村文化的传播和熏陶,逐渐渗透到农民的思想中,影响着农民的价值观和行为方式。例如,科学精神的传播使得农民更加注重科学种植、科学养殖,提高了农业生产的效益和质量;民主意识的觉醒使得农民更加积极地参与乡村治理和公共事务,维护了自身的合法权益;法治观念的树立使得农民更加自觉地遵守法律法规,维护了乡村社会的稳定和秩序。

(二) 乡村文化在农民教育中的作用

1. 乡村文化在农民素质教育中的地位

农民素质教育是农业农村现代化的重要内容之一,而乡村文化在农民素质教育中占据着举足轻重的地位。乡村文化作为农民精神世界的重要组成部分，不仅影响着农民的思想观念和行为方式，还为农民素质教育提供了丰富的文化资源和教育素材。

通过乡村文化的传承和传播，农民可以了解到更多的历史文化知识、民族传统习俗和道德伦理规范，从而增强自身的文化素养和综合素质。乡村文化中的许多优秀传统和技艺，如民间艺术、手工艺等，也可以作为农民素质教育的重要内容，进而培养农民的审美情趣和创新能力。此外，乡村文化还可以为农民素质教育提供实践平台和活动载体。通过组织各种乡村文化活动，如文艺演出、体育比赛、科技讲座等，可以激发农民的学习兴趣和参与热情，提高农民的学习效果和实践能力。这些活动不仅可以丰富农民的精神文化生活，还可以促进农民之间的交流与合作，增强农民的团队意识和集体荣誉感。

2. 乡村文化对农民终身教育体系的构建

在农业农村现代化的进程中，农民终身教育体系的构建至关重要，而乡村文化作为农民精神世界的重要组成部分，可以为农民终身教育体系的构建提供有力的支撑和保障。

一方面，乡村文化可以为农民提供持续学习的动力和源泉。通过乡村文化的传承和传播，农民可以不断接触到新的思想观念和文化知识，从而激发自身的学习兴趣和求知欲，这种持续学习的动力和源泉，是农民终身教育体系构建的重要基础。另一方面，乡村文化可以为农民提供多样化的学习方式和途径。乡村文化中的许多传统技艺和民间活动，如民间艺术表演、手工艺制作等，都可以作为农民学习的方式和途径。通过这些方式和途径的学习，农民不仅可以掌握更多的实用技能和知识，还可以培养自身的审美情趣和创新能力。此外，乡村文化还可以为农民终身教育体系的构建提供良好的社会环境和文化氛围。一个充满文化气息和活力的乡村社会，可以激发农民的学习热情和参与意识，促进农民之间的交流与合作，为农民终身教育体系的构建创造有利的条件和环境。

第二节 青年"乡村 CEO"在乡村文化振兴中的实践探索

一、青年"乡村 CEO"在乡村文化振兴中的实践路径

(一) 乡村文化资源的挖掘与整理

1. 文化资源的普查与分类

青年"乡村 CEO"通过组织专业团队，对乡村的文化资源进行了全面的普查，他们深入乡村的每一个角落，对乡村的历史遗迹、传统建筑、民俗风情、民间艺术、乡土知识等进行了详细的记录和整理。在普查过程中，他们注重与乡村居民的交流与沟通，通过访谈、问卷调查等方式，深入了解乡村居民对文化资源的认知和态度，确保普查工作的全面性和准确性。普查完成后，青年"乡村 CEO"对收集到的文化资源进行了科学的分类，他们根据文化资源的性质、特点和价值，将其分为物质文化遗产、非物质文化遗产、自然景观和人文景观等类别。这种分类不仅有助于对文化资源的系统管理和保护，也为后续的文化资源开发和利用提供了便利。

2. 文化特色的提炼与展示

在普查与分类的基础上，青年"乡村 CEO"进一步对乡村的文化特色进行了提炼，他们深入挖掘乡村文化的内涵和精髓，提炼出具有代表性和独特性的文化元素和符号。这些文化元素和符号不仅体现了乡村的历史传承和文化底蕴，也展现了乡村的独特魅力和风采。提炼出文化特色后，青年"乡村 CEO"积极寻求展示和传播的途径，他们通过举办文化展览、文化节庆、文化论坛等活动的方式，将乡村的文化特色展示给外界。同时，他们还利用现代传媒手段，如网络、电视、广播等，将乡村的文化特色传播到更广泛的范围。这种展示和传播不仅增强了乡村文化的知名度和影响力，也提高了乡村居民的文化自信和自豪感。

（二）乡村文化活动的策划与实施

1. 文化活动的创意与设计

青年"乡村CEO"注重文化活动的创意与设计，他们根据乡村的文化特色和居民的需求，结合现代文化元素和创意理念，设计出了一系列新颖且具有吸引力的文化活动。这些文化活动既保留了乡村文化的传统韵味，又融入了现代文化的时尚元素，使得乡村文化活动更加贴近时代潮流和居民需求。在设计文化活动时，青年"乡村CEO"还注重活动的互动性和参与性，他们通过设置互动环节、鼓励居民参与等方式，增强了文化活动的趣味性和吸引力。这种设计不仅使得文化活动更加生动有趣，也促进了乡村居民之间的交流和合作。

2. 文化活动的组织与执行

设计好文化活动后，青年"乡村CEO"便着手进行活动的组织与执行，他们制订了详细的活动计划和方案，明确了活动的目标、内容、形式、时间、地点等要素，还组织了专业的执行团队，负责活动的具体实施和管理工作。在执行过程中，青年"乡村CEO"注重活动的宣传和推广，他们通过张贴海报、发放宣传册、利用社交媒体等方式，将活动的信息传递给更多的乡村居民。这种宣传和推广不仅提高了活动的知名度和影响力，也吸引了更多的居民参与活动。此外，青年"乡村CEO"还注重活动的安全和秩序，他们制定了完善的安全措施和应急预案，确保了活动的顺利进行和居民的安全参与，还加强了活动的现场管理，维护了活动的秩序和纪律。

（三）乡村文化产业的培育与发展

1. 文化产业的规划与布局

青年"乡村CEO"科学地规划和布局了乡村的文化产业。他们根据乡村的文化资源、市场需求和发展潜力，制定了文化产业的发展目标和战略，还明确了文化产业的重点发展领域和优先发展方向，为文化产业的培育和发展提供了明确的指导和方向。在规划和布局过程中，青年"乡村CEO"注重文化产业的集群发展和产业链延伸,他们通过整合乡村的文化资源、优化产业结构、提升产业附加值等方式,推动了文化产业的集群化和产业链化发展。这种发展模式不仅提高了文化产业的竞争力和影响力,也促进了乡村经济的转型升级和可持续发展。

2. 文化产业的扶持与推广

规划好文化产业后,青年"乡村CEO"便着手进行文化产业的扶持与推广。他们制定了优惠的政策和措施,鼓励和支持乡村居民和企业发展文化产业。例如,他们提供了资金扶持、税收减免、土地优惠等政策支持,降低了文化产业的发展成本和风险;他们还加强了对文化产业的宣传和推广,提高了文化产业的知名度和影响力。在扶持与推广过程中,青年"乡村CEO"还注重文化产业的品牌建设和市场营销,他们通过打造具有乡村特色的文化品牌,提升了文化产业的品牌价值和市场竞争力,还加强了文化产业的市场营销和拓展,将文化产业的产品和服务推向更广阔的市场。此外,青年"乡村CEO"还注重文化产业的创新与发展,他们鼓励和支持乡村居民和企业进行文化产业的创新尝试和实践探索,推动了文化产业的创新发展和转型升级。这种创新与发展不仅为文化产业注入了新的活力和动力,也促进了乡村文化的繁荣与发展。

二、青年"乡村CEO"在乡村文化振兴中的创新实践

(一)数字化技术在乡村文化中的应用

1. 数字化文化资源的建设与共享

青年"乡村CEO"深知,乡村文化的传承与创新离不开丰富多样的文化资源。因此,他们致力于数字化文化资源的建设与共享,通过数字化手段对乡村的传统文化、民俗风情、历史故事等进行记录、整理和保存。一方面,他们利用高清摄影、三维扫描等技术,对乡村的古建筑、传统手工艺、民俗活动等进行数字化采集,形成一系列具有地方特色的数字化文化资源库。这些资源库不仅为乡村文化的传承提供了宝贵的资料,也为乡村文化的创新提

供了丰富的素材。另一方面，他们积极推动数字化文化资源的共享，通过建立线上文化平台、开展数字文化服务等方式，让更多的人能够便捷地获取和欣赏乡村文化，从而扩大乡村文化的影响力和传播力。

在数字化文化资源的建设过程中，青年"乡村CEO"还注重与当地村民的合作与交流。他们鼓励村民参与到对数字化文化资源的采集和整理工作中来，不仅提高了工作效率，也增强了村民对乡村文化的认同感和自豪感。同时，他们还通过培训和指导，提升村民的数字化技能和文化素养，为乡村文化的传承与创新培养了一支高素质的队伍。

2. 数字化文化产品的开发与推广

青年"乡村CEO"在数字化文化资源的基础上，进一步开发出了一系列具有乡村特色的数字化文化产品。这些产品不仅保留了乡村文化的原汁原味，还融入了现代科技元素和设计理念，使其更加符合现代人的审美需求和生活方式。例如，他们利用虚拟现实（VR）技术，开发出乡村文化体验游戏和虚拟旅游项目，让游客身临其境感受乡村文化的魅力；他们利用增强现实（AR）技术，将乡村的文化元素融入实体产品中，如文化衫、纪念品等，提高了产品的文化附加值和市场竞争力。

（二）乡村文化品牌的打造与提升

1. 乡村文化品牌的策划与定位

在乡村文化品牌的策划与定位过程中，青年"乡村CEO"注重深入挖掘乡村文化的独特魅力和核心价值。他们通过市场调研、专家咨询等方式，对乡村的文化资源、市场需求、消费群体等进行全面分析和评估。在此基础上，他们结合乡村的实际情况和发展目标，对乡村文化品牌进行精准定位和策划。他们注重突出乡村文化的地域特色、民族特色和时代特色，力求打造具有独特魅力和差异化竞争优势的乡村文化品牌。

同时，青年"乡村CEO"还注重乡村文化品牌与乡村产业的融合发展。他们深知，乡村文化品牌不仅要有文化内涵和艺术价值，还要有市场潜力，并能产生经济效益。因此，他们在策划与定位过程中，充分考虑乡村产业的特点和需求，将乡村文化品牌与乡村产业紧密结合，形成相互促进、共同发展的良好局面。

2. 乡村文化品牌的宣传与推广

在乡村文化品牌的宣传与推广方面，青年"乡村CEO"也展现出了出色的创意和执行力。他们充分利用各种媒体平台和宣传渠道，对乡村文化品牌进行广泛宣传和推广。他们通过制作精美的宣传册、海报和视频等宣传材料，展示乡村文化品牌的独特魅力和价值内涵；他们通过组织文化节庆活动、展览展示和文艺演出等线下活动，吸引更多游客和消费者关注和参与；他们还通过与知名企业、旅游机构和电商平台等合作，拓展乡村文化品牌的销售渠道和市场空间。

此外，青年"乡村CEO"还注重乡村文化品牌的国际化推广。他们深知，在全球化的时代背景下，乡村文化品牌要想走得更远、飞得更高，就必须走向国际、走向世界。因此，他们积极参与国际文化交流与合作，将乡村文化品牌推向国际舞台。通过参加国际文化展览、举办国际文化交流活动等方式，他们成功展示了乡村文化的独特魅力和价值内涵，赢得了国际友人的广泛赞誉和高度评价。

（三）乡村文化旅游的融合与发展

1. 文化旅游资源的整合与开发

在文化旅游资源的整合与开发过程中，青年"乡村CEO"注重挖掘和整合乡村的文化旅游资源。他们通过实地调研、专家评估等方式，对乡村的自然景观、人文景观、民俗风情等进行全面梳理和分类。在此基础上，他们结合乡村的实际情况和发展目标，对文化旅游资源进行合理规划和开发。他们注重保护乡村的自然生态和文化遗产，避免过度开发和商业化倾向；同时，他们也注重提升文化旅游资源的品质和吸引力，通过改善基础设施、完善服务设施等方式，为游客提供更加舒适和便捷的旅游体验。

2. 文化旅游产品的设计与营销

在文化旅游产品的设计方面，青年"乡村CEO"展现出了出色的创意和执行力。他们根据游客的需求和喜好，设计出了一系列具有乡村特色的文化旅游产品。这些产品不仅包含了乡村的自然景观和人文景观，还融入了乡村的文化元素和民俗活动，使游客在旅游过程中能够充分感受到乡村文化的独特魅力和价值内涵。同时，他们还注重文化旅游产品的创新和差异化发展，通过引入现代科技元素和设计理念，打造出一批具有新颖性和独特性的文化旅游产品。

在文化旅游产品的营销方面，青年"乡村CEO"采取了多种措施和手段。他们充分利用社交媒体、电商平台等线上渠道，对文化旅游产品进行广泛宣传和推广；他们通过与旅行社、酒店等旅游机构合作，拓展文化旅游产品的销售渠道和市场空间；他们还通过举办文化节庆活动、开办特色旅游项目等方式，吸引更多游客关注和参与乡村旅游。这些措施和手段的有效实施，成功推动了乡村文化旅游的蓬勃发展和繁荣兴盛。

第三节　乡村文化与乡村旅游融合发展的新模式与策略

一、乡村文化与乡村旅游融合发展的新模式

（一）乡村文化体验型旅游模式

乡村文化体验型旅游模式是以乡村文化为核心，通过让游客亲身体验乡村的生产生活方式、民俗文化、传统手工艺等，获得一种全新的旅游体验。这种模式强调游客的参与性和互动性，使游客在体验中感受乡村文化的魅力，增进对乡村文化的理解和认同。

在乡村文化体验型旅游模式的实施过程中，需要对乡村文化资源进行深入挖掘和整理，包括对乡村的历史遗迹、传统建筑、民俗风情、民间艺术等进行系统的调查和记录，为游客提供丰富的文化体验内容。还需要结合游客的需求和兴趣，设计出具有吸引力和互动性的文化体验项目。例如，可以组织游客参与乡村的农耕活动，如插秧、收割等，让游客亲身体验乡村的农业

生产过程；可以开设传统手工艺制作课程，如编织、陶艺等，让游客在动手制作中感受乡村的传统技艺。此外，乡村文化体验型旅游模式的成功还离不开良好的旅游服务设施和完善的旅游服务体系，包括为游客提供舒适的住宿环境、便捷的交通条件、丰富的餐饮选择等，以满足游客的基本生活需求，还需要加强对游客的引导和服务，确保游客在体验过程中的安全和舒适。

（二）乡村文化创意型旅游模式

乡村文化创意型旅游模式是将文化创意产业与乡村旅游相结合，通过创意设计和创新开发，将乡村文化资源转化为具有市场价值的文化创意产品，从而提升乡村旅游的吸引力和竞争力。这种模式强调创意和创新在乡村旅游发展中的作用，通过文化创意产品的开发和推广，推动乡村旅游产业的转型升级。

在乡村文化创意型旅游模式的实施过程中，需要注重文化创意产品的设计和开发，包括对乡村文化元素进行提取和加工，再将其融入产品设计之中，形成具有独特魅力和市场价值的文化创意产品。例如，可以将乡村的传统图案、民俗故事等元素融入服饰、家居用品等设计中，打造出具有乡村特色的文化创意产品。还需要加强文化创意产品的推广和营销，包括通过线上线下的渠道进行产品展示和销售，提高产品的知名度和影响力。此外，还可以结合乡村旅游活动，如文化节庆、民俗表演等，进行文化创意产品的现场展示和推广，增强游客对产品的认知和购买意愿。

（三）乡村文化节庆型旅游模式

乡村文化节庆型旅游模式是利用乡村的节庆活动和文化习俗，吸引游客参与和体验，从而推动乡村旅游的发展。这种模式强调节庆活动的文化特色和游客的参与性，通过节庆活动的举办，展示乡村的文化魅力，增强乡村旅游的吸引力。

在乡村文化节庆型旅游模式的实施过程中，需要注重节庆活动的策划和组织，包括对乡村的节庆活动和文化习俗进行深入的挖掘和整理，结合游客的需求和兴趣，设计出具有吸引力和参与性的节庆活动。例如，可以举办具有乡村特色的音乐节、美食节、花灯节等，让游客在参与中感受乡村的节庆氛围和文化特色。同时，还需要加强节庆活动的宣传和推广，包括通过媒体、网络等渠道进行活动信息的发布和传播，提高活动的知名度和影响力，还可以结合乡村旅游线路和产品，进行节庆活动的整合营销，吸引更多的游客参与和体验。

（四）乡村文化生态型旅游模式

乡村文化生态型旅游模式是将乡村的生态环境与文化资源相结合，通过生态旅游的开发和推广，促进乡村文化的传承与保护，同时推动乡村旅游的可持续发展。这种模式强调生态环境保护与文化传承的协调发展，通过生态旅游的实践，实现乡村经济、社会和文化的全面进步。

在乡村文化生态型旅游模式的实施过程中，需要注重对生态环境的保护和治理，包括对乡村的自然景观、生态系统和生物多样性进行保护和恢复，确保生态旅游的可持续发展，还需要加强对游客的环保教育和引导，提高游客的环保意识和行为规范。要挖掘和整理乡村的文化资源，将其融入生态旅游的开发中，包括对乡村的历史遗迹、传统建筑、民俗风情等进行保护和展示，为游客提供丰富的文化体验内容，还可以结合生态旅游活动，如徒步旅行、生态摄影等，进行文化资源的现场展示和推广。此外，需要加强生态旅游的管理和服务，包括制定完善的生态旅游规划和管理制度，确保生态旅游的有序进行，还需要加强对游客的服务和引导，提高游客的旅游体验和满意度。

（五）乡村文化科技型旅游模式

乡村文化科技型旅游模式是将现代科技手段与乡村文化资源相结合，通过科技创新和数字化应用，提升乡村旅游的智能化水平和互动体验性。这种模式强调科技在乡村旅游发展中的作用，通过科技手段的创新应用，推动乡村旅游产业的现代化和智能化发展。

在乡村文化科技型旅游模式的实施过程中，需要注重科技手段的创新和应用，包括利用虚拟现实（VR）、增强现实（AR）等现代科技手段，为游客提供沉浸式的乡村旅游体验；还可以利用大数据、人工智能等技术，对游客的旅游行为和需求进行分析和预测，为乡村旅游的精准营销和服务提供支持。要加强乡村文化资源的数字化建设和推广，包括对乡村的文化资源进行数字化采集和处理，形成数字化的文化资源和产品，可以利用网络平台和社交媒体等，进行数字化文化资源的传播和推广，扩大乡村旅游的影响力和知名度。此外，需要注重对科技旅游人才的培养和引进，包括加强对乡村旅游从业人员的科技培训和教育，提高他们的科技素养和创新能力，还可以积极引进具有科技背景和旅游经验的复合型人才，为乡村旅游的科技化发展提供人才支持。

二、乡村文化与乡村旅游融合发展的策略

（一）深入挖掘乡村文化资源

1. 乡村文化资源的普查与评估

乡村文化资源的普查与评估是深入挖掘乡村文化资源的第一步，这一过程需要对乡村地区的文化资源进行全面、系统的调查，以了解其分布、类型、数量、价值及保存状况等信息。具体而言，普查与评估工作内容如下。

第一，要明确普查与评估的目标和范围，包括确定普查的文化资源类型，如历史遗迹、传统建筑、民俗风情、民间艺术、口头文学等，以及明确普查的地域范围，确保不遗漏任何重要的文化资源。

第二，要采用科学的普查与评估方法，包括实地调查、文献查阅、访谈记录等多种方式，以获取全面、准确的文化资源信息。同时，还应运用现代科技手段，如遥感技术、地理信息系统等，提高普查与评估的效率和准确性。

第三，要建立完善的文化资源数据库。通过整理和分析普查与评估所得的数据，将乡村文化资源以数字化、可视化的形式呈现出来，便于后续的保护、传承与利用工作。

第四，要对普查与评估结果进行科学分析和评价。根据文化资源的价值、保存状况及开发潜力等因素，对其进行分类、分级，为后续的保护与传承策

略制定提供依据。

2. 乡村文化资源的保护与传承策略

在深入了解乡村文化资源的基础上，需要制定科学合理的保护与传承策略，以确保这些宝贵的文化资源得以延续和发展。

第一，要坚持"保护为主、抢救第一、合理利用、传承发展"的原则。这意味着在保护与传承乡村文化资源的过程中，应优先考虑其保护需求，采取有效措施防止文化资源的损毁和流失，对于濒临消失的文化资源，应及时进行抢救性保护。在保护的基础上，合理利用文化资源，推动乡村旅游的发展，通过传承和发展，使乡村文化资源焕发出新的生机和活力。

第二，要采取多样化的保护与传承措施。这既包括加强文化资源的物质保护，如修缮历史遗迹、保护传统建筑等，也要注重非物质文化资源的保护，如记录、整理口头文学，传承民间艺术等。此外，还可以通过教育、宣传等方式，提高公众对乡村文化资源的认识和重视程度，形成全社会共同参与保护与传承的良好氛围。

第三，在保护与传承乡村文化资源的过程中，还应注重创新与发展。这包括将现代科技手段应用于文化资源的保护与传承中，如利用数字化技术记录、保存和传播文化资源；同时，也可以将乡村文化资源与现代旅游、文化产业等相结合，开发出具有市场吸引力的文化产品和服务，推动乡村旅游的发展和文化产业的繁荣。

第四，政府、企业和社会各界在乡村文化资源的保护与传承中应发挥积极作用。政府应制定相关政策法规，为文化资源的保护与传承提供法律保障和政策支持；企业应积极参与文化资源的开发与利用，推动乡村旅游和文化产业的发展；社会各界也应加大对乡村文化资源的关注度和支持度，共同推动乡村文化的传承与发展。

（二）创新乡村旅游产品设计

1. 旅游产品的文化内涵挖掘

乡村文化作为乡村旅游的灵魂，其内涵的挖掘是旅游产品设计的基石。

第六章 青年"乡村CEO"与浙江乡村文化振兴

乡村文化涵盖了历史遗存、民俗风情、传统技艺、农耕文化、节庆活动等多个方面,这些元素共同构成了乡村旅游产品的独特魅力。

乡村地区往往保留着丰富的历史遗迹和文化遗产,如古建筑、古村落、历史遗址等,这些元素不仅是乡村文化的物质载体,更是乡村历史与文化的见证。通过将这些元素融入旅游产品的设计中,游客可以在游览过程中感受到乡村文化的深厚底蕴。民俗风情是乡村文化的重要组成部分,反映了乡村居民的生活方式、价值观念和审美情趣。通过设计以民俗风情为主题的旅游活动,如民俗表演、节庆活动、手工艺制作等,游客可以亲身体验乡村文化的独特魅力。此外,还应关注传统技艺的传承与创新,乡村地区流传着许多传统技艺,如编织、陶艺、剪纸等。这些技艺不仅是乡村文化的瑰宝,也是乡村旅游产品的独特卖点。通过邀请当地手工艺人现场制作并教授传统技艺,游客可以在参与过程中感受到乡村文化的传承与发展。

2. 旅游产品的创新设计与开发

在深入挖掘乡村文化内涵的基础上,需要对旅游产品进行创新设计与开发,以满足游客日益多样化的旅游需求,还应注重旅游产品的体验性设计。在体验经济时代下,游客更加注重旅游过程中的参与感和体验感。因此,在设计旅游产品时,应充分考虑游客的参与需求,设计丰富多彩的体验活动。例如,可以开发乡村烹饪课程,让游客亲手制作地道的农家菜,或者开展农耕体验活动,让游客亲手种植农作物,体验耕种的乐趣;还可以结合乡村的自然景观,开展徒步、骑行等户外运动项目,让游客在亲近自然的同时感受乡村文化的魅力。

随着科技的进步,智能化、信息化的旅游服务设施已经成为提升游客体验的重要手段。例如,利用无人机进行景区航拍,为游客提供独特的视觉体验;引入VR技术,让游客在虚拟环境中体验乡村生活。这些智能化、信息化的服务设施不仅可以提高游客的旅游体验,还可以提升乡村旅游的便捷性和吸引力。乡村艺术化是将艺术与乡村文化相结合,打造具有艺术气息的乡村旅游目的地。通过艺术创作和展示,可以提升乡村的文化品位和吸引力。例如,可以邀请艺术家在乡村进行创作并展示其作品,如壁画、雕塑等;举办乡村艺术节或音乐会等活动，吸引文艺爱好者前来参与；开发艺术衍生品，如手工艺品、纪念品等，丰富乡村旅游的购物选择。

此外，还应关注旅游产品的差异化与个性化设计。在乡村旅游市场竞争日益激烈的背景下，差异化与个性化的旅游产品已经成为吸引游客的重要手段。例如，可以开发乡村主题的桌游或电子游戏，让游客在游戏中了解乡村的历史和文化；设置乡村寻宝游戏或定向越野等户外活动，增强游客的参与感和体验感；举办乡村运动会或嘉年华等活动，营造欢乐的氛围。这些差异化与个性化的旅游产品不仅可以满足游客的多样化需求，还可以提升乡村旅游的知名度和美誉度。

（三）加强乡村文化与旅游市场对接

1. 旅游市场的调研与分析

要实现乡村文化与旅游市场的有效对接，需要深入调研当地的农业资源、文化资源和旅游资源。在农业资源方面，应关注特色农产品、生态农业、田园景观等，这些资源是开发观光农业、体验农业、农产品加工体验等项目的基础。在文化资源方面，应挖掘乡村历史文化、民俗风情、非物质文化遗产等，这些资源是打造文化节庆、民俗体验、手工艺展示等文化活动的重要素材。在旅游资源方面，应整合自然风光、古村落、历史遗迹等资源，开发乡村旅游线路、生态度假村、民宿等旅游产品。

在调研的基础上，需要对乡村文化与旅游市场的融合潜力进行科学评估，包括分析当地旅游市场的规模、增长趋势、消费者需求以及竞争态势等。通过评估，政府可以明确发展目标、功能定位、空间布局及重点项目，为后续的融合发展提供科学依据。随着消费升级和个性化需求的增加，消费者对乡村旅游产品的需求越来越多样化。因此，在市场调研中，需要特别关注消费者的需求变化。例如，消费者越来越注重文化内涵，期望通过旅游活动深入了解当地文化；同时，消费者对旅游产品的品质要求也越来越高，越发关注旅游服务的舒适度、安全性和性价比。这些需求变化为乡村文化与旅游市场的对接提供了重要方向。

2. 文化与旅游市场的营销策略

（1）数字化营销

数字化营销是指利用数字化技术和互联网平台对文化旅游产品进行推广、宣传和销售的一种新型营销方式。它借助大数据分析、云计算、VR、AR、人工智能等先进技术，为游客提供更加个性化、便捷式、沉浸式的旅游体验。例如，可以通过建设智慧旅游平台，提供在线导览、预订、支付等一站式服务；利用VR技术让游客在虚拟环境中体验乡村生活；通过社交媒体、短视频平台等宣传乡村的文旅资源，吸引更多游客关注。

（2）社交媒体营销

社交媒体营销是利用社交媒体平台（如微信、微博、抖音等）进行文化和旅游产品的推广和销售活动。这种营销方式通过创建和分享与文旅相关的内容，以吸引目标受众的关注和参与。在社交媒体营销中，需要精准定位目标市场和平台，深入挖掘和展示独特文化或景观资源，创新内容形式和传播方式，并持续运营和优化营销策略。例如，可以通过抖音平台展示乡村的丰富文化底蕴和独特旅游体验，吸引大量游客前来打卡。

（3）跨界营销

跨界营销是指不同行业或领域的品牌在文化旅游领域进行合作，通过资源共享和优势互补，带来新的市场价值和消费体验。这种营销策略打破了传统营销的边界和壁垒，使品牌能够突破行业限制，触及更广泛的目标群体。例如，可以与快消品牌进行跨界合作，推出具有乡村文化元素的产品，如联名推出具有故宫文化元素的奥利奥饼干、名创优品文具等，让传统文化以更时尚、更贴近消费者生活的方式呈现。

（4）品牌打造与营销推广

在乡村文化与旅游市场的对接中，品牌打造与营销推广是提升知名度和影响力的重要手段。需要结合地方特色，打造农文旅融合品牌，并通过线上线下渠道进行品牌宣传和推广。例如，可以与旅行社、在线旅游平台等建立合作关系，拓宽销售渠道；同时，还可以通过举办各类主题的节庆活动、文化节庆、民俗体验等活动，提高乡村的知名度和影响力。

（四）提升乡村旅游服务质量

1. 旅游服务设施的建设与完善

旅游服务设施是游客体验乡村旅游的基础，完善的旅游服务设施能够提升游客的满意度，促进乡村旅游的发展。

基础设施的完善是旅游服务设施建设的基础。旅游服务设施建设包括农村水电路气信等基础设施建设和公共服务建设。例如，加强乡村道路硬化、环境净化、整体美化，提升乡村旅游的接待能力和服务水平。同时，完善旅游信息服务网络、停车场等配套设施建设，消除制约乡村旅游发展的瓶颈。特别是停车场的建立和完善，对自驾游的游客来说至关重要，因此应适当扩大停车场的面积、改善停车场环境、增加摄像头等防盗措施等，保障游客的人身、财产安全。

住宿、餐饮、购物等接待服务设施的升级也是提升乡村旅游服务质量的关键。在住宿方面，乡村可开发建设多种多样不同类型住宿设施，如度假型乡村酒店、乡村客栈、休闲农庄等，形成功能齐全、布局合理的乡村旅游住宿体系。同时，注重住宿设施的环保升级和建筑升级，采用环保型建筑材料及建筑技术，利用清洁能源，注重节能节水，减少对生态环境的破坏，并体现乡土性和独特性。在餐饮方面，乡村旅游的餐饮设施需要在品质上进行升级，讲究干净、安全、卫生，布局合理，种类丰富，涵盖高中低各个档次，满足不同游客的需求，并将乡土风味进行极致展现，形成自身的餐饮品牌。在购物方面，乡村购物商店应增加游客需求的商品品类，丰富购物方式，给游客更多便利，并注重本土物产和文化营造，提升游客的购物体验。

此外，旅游安全设施的建设也是不可忽视的一部分。针对高风险旅游项目，如漂流、水上运动等，应加强监管，建立紧急救援机制，配备专职医务人员，建立安全救助场所、应急疏散场所并完善其设施，确保游客的安全。

2. 旅游服务人员的培训与管理

旅游服务人员的素质和服务水平直接影响到游客的旅游体验。因此，加强对旅游服务人员的培训与管理是提升乡村旅游服务质量的重要举措。

第六章 青年"乡村CEO"与浙江乡村文化振兴

根据乡村旅游发展的需要，通过举办培训班、将培引结合等方式，加强对经营管理者、从业人员的旅游基础知识、风土人情、业务技能与服务规范等培训。培训内容应涵盖乡村旅游的基础知识、服务技能、安全知识、文化礼仪等方面，并通过实践操作和案例分析，提升服务人员的专业素养和服务技能。例如，乡村旅游管理者要加强自身的政治学习和业务学习，熟练掌握发展乡村旅游的全过程，知晓发展旅游业的一些业务知识。同时，着力培训一批素质良好的乡村导游，提升乡村旅游的服务质量和水平。

此外，还需要加强对旅游服务人员的管理，建立健全的绩效考核机制，对服务人员的服务态度、服务质量、工作效率等方面进行定期评估，并根据评估结果进行奖惩。加强对服务人员的日常管理和监督，确保他们严格遵守服务规范和职业道德，为游客提供优质的服务。

第七章 青年"乡村 CEO"与浙江乡村生态文明建设

第一节 生态文明乡村建设在农业农村现代化中的重要意义

一、促进农业绿色转型升级

(一) 推动生态低碳农业的发展

生态低碳农业作为现代农业发展的重要方向，核心在于实现农业生产与生态环境保护的和谐共生。在生态文明乡村建设的推动下，农业生产方式正逐步向资源节约型、环境友好型转变。

通过推广节水灌溉、测土配方施肥、病虫害绿色防控等先进技术，生态低碳农业有效提高了农业资源的利用效率，减少了化肥、农药等化学投入品的使用，降低了农业生产对环境的负面影响。例如，测土配方施肥技术能够根据土壤养分状况和作物需肥规律，科学合理地确定施肥种类、数量和方法，从而避免出现因过量施肥导致的资源浪费和环境污染。

在生态文明乡村建设中，农业废弃物的资源化利用得到了高度重视。通过推广秸秆还田、畜禽粪污资源化利用等技术，农业废弃物被转化为有机肥料、生物能源等有价值的产品，既减轻了环境压力，又促进了农业循环经济的发展。例如，畜禽粪污经过发酵处理后，可以转化为优质的有机肥料，用于农田施肥，提高土壤肥力，促进农作物生长。生态低碳农业还注重农业生态系统的保护与修复。通过实施耕地轮作休耕制度、开展农田基础设施建设、加强外来入侵物种管理等措施，农业生态系统得到了有效的保护和恢复。这不仅有助于提升农田的生产力，还能增强农业生态系统的稳定性和抗逆性，为农业可持续发展提供有力保障。

（二）提升农产品绿色化、优质化、特色化和品牌化水平

在生态文明乡村建设的推动下，农产品的绿色化、优质化、特色化和品牌化水平得到了显著提升，这一提升不仅增强了农产品的市场竞争力，还为农民增收提供了新的途径。

绿色化是农产品契合生态发展需求的关键。在生态文明乡村建设中，通过推广绿色农业技术、加强农产品质量安全管理等措施，农产品的绿色化水平得到了显著提升。绿色农产品不仅在生产过程中注重环境保护和资源节约，还在产品质量和安全性方面有着更高的标准，满足了消费者对健康、环保食品的需求。

优质化是农产品提升竞争力的关键，在生态文明乡村建设中，通过引进优良品种、推广先进种植养殖技术等措施，农产品的品质得到了显著提升。优质农产品不仅口感更佳、营养价值更高，还能满足消费者对高品质生活的追求，从而在市场上获得更高的溢价。

特色化是农产品差异化竞争的重要手段，在生态文明乡村建设中，各地结合当地自然资源和文化特色，开发了一批具有地域特色的农产品。这些特色农产品不仅具有独特的风味和品质，还能传承和弘扬当地的乡土文化，为乡村旅游等产业的发展提供了新的动力。

品牌化是农产品提升附加值的重要途径，在生态文明乡村建设中，通过加强农产品品牌建设、提高品牌知名度和美誉度等措施，农产品的品牌化水平得到了显著提升。品牌农产品不仅具有更高的市场认可度和忠诚度，还能通过品牌溢价为农民增收提供有力支撑。同时，品牌化还有助于提升农产品

的市场竞争力，推动农业产业向规模化、集约化、专业化方向发展。

二、改善乡村基础设施和生态环境

（一）提升农村居民的生活质量

构建人与自然和谐共生的生活环境是生态文明乡村建设的核心，这直接关系到农村居民的生活质量。改善乡村基础设施，如供水、供电、交通、通信等，能显著提高农村居民的生活便利性。清洁的饮用水和稳定的电力供应，满足了基本生活需求，而便捷的交通和通信设施则缩短了乡村与城市的信息差距，使农村居民能够更快捷地获取外界信息，享受现代生活的便利。

生态文明乡村建设注重对生态环境的保护与修复，如植树造林、水土保持、垃圾分类与回收等。这些措施不仅美化了乡村景观，还为农村居民提供了更加宜居的生活环境。良好的生态环境是健康生活的基石，清新的空气、干净的水源、丰富的自然景观，都有助于保障居民的身体健康和提升其心理幸福感。生态文明乡村建设还强调文化传承与社区参与，通过保护乡村传统建筑、民俗文化和非物质文化遗产，增强了农村居民的文化认同感和归属感。同时，鼓励居民参与乡村治理和环境保护活动，提高了他们的社会参与度和主人翁意识，从而进一步提升了生活质量。

（二）为农产品的运输和销售提供便利条件

农产品的商品化程度和市场竞争力是农业农村现代化的重要标志。生态文明乡村建设通过改善交通基础设施和物流体系，为农产品的运输和销售提供了便利条件。一方面，加强乡村道路建设，特别是通往农田和农产品集散地的道路，确保了农产品能够快速、安全地运出乡村，减少了运输过程中的损耗和时间成本。另一方面，生态文明乡村建设还促进了农村物流体系的发展。通过建立农产品冷链物流、电商平台和物流配送网络，实现了农产品从产地到消费者手中的无缝对接。这不仅拓宽了农产品的销售渠道，提高了销售效率，还使得农产品能够更快地响应市场需求，增加了农民的收入。

此外，生态文明乡村建设还注重品牌培育和市场营销。通过打造具有地方特色的农产品品牌，提升了农产品的知名度和美誉度，增强了市场竞争力。同时，利用互联网和大数据技术，对农产品进行精准营销，满足了消费者个性化、多样化的需求，进一步促进了农产品的销售。

（三）促进乡村经济的可持续发展

生态文明乡村建设是实现乡村经济可持续发展的重要途径。通过发展生态农业和绿色农业，提高了农业资源的利用效率，减少了环境污染和生态破坏。生态农业注重生态平衡和生物多样性保护，通过轮作休耕、有机肥料使用等措施，改善了土壤质量，提高了农产品的品质和产量。绿色农业则强调农业生产过程的清洁化和产品的无害化，满足了消费者对健康食品的需求。

生态文明乡村建设推动了乡村产业结构的优化升级，通过发展乡村旅游、休闲农业等新兴产业，拓宽了农民增收渠道，提高了乡村经济的多元化水平。乡村旅游利用乡村的自然景观和人文资源，吸引了大量城市居民前来观光旅游和体验生活，带动了乡村餐饮、住宿、交通等相关产业的发展。休闲农业则将农业生产与旅游观光相结合，提供了农事体验、农产品采摘等活动，增加了农产品的附加值。生态文明乡村建设还注重科技创新和人才培养，通过引进现代农业技术和装备，提高了农业生产的科技含量和效率，加强了农村教育和职业培训，培养了具有新知识、新技能的新型农民，为乡村经济的可持续发展提供了人才保障。

三、增强乡村治理能力和水平

（一）完善乡村生态环保监督体制机制建设

完善乡村生态环保监督体制机制建设是生态文明乡村建设的重要内容，也是增强乡村治理能力和水平的关键举措。当前，乡村生态环境问题日益突出，如水体污染、土壤退化、生态破坏等，这些问题的产生往往与监管不力、制度缺失有关。因此，完善乡村生态环保监督体制机制建设，对于保护和改善乡村生态环境、提升乡村治理效能具有重要意义。

第一，需要建立健全乡村生态环保组织机构，明确各部门的职责和权限，形成协同作战、共同治理的良好局面。这包括成立乡村生态环保领导小组，负责统筹协调乡村生态环保工作；设立专门的环保机构或岗位，负责具体的环保监督工作和管理任务。同时，要加强对乡村环保队伍的建设和培训，提高环保人员的专业素质和执法能力。

第二，需要完善乡村生态环保责任制，明确各级政府、企业和村民在生态环保中的责任和义务。通过签订生态环保责任书、实行环保目标考核等方式，将生态环保责任层层落实到具体单位和个人。同时，要建立健全生态环保问责机制，对失职渎职、违法违规行为进行严肃查处，形成有效的震慑作用。

第三，需要建立有效的社会监督机制，鼓励村民、媒体和社会组织参与乡村生态环保的监督和管理。通过设立环保举报电话、公开环保信息、开展环保宣传等方式，增强公众的环保意识和参与度。同时，要加强对环保举报和投诉的处理和反馈，及时解决群众反映的环保问题，维护群众的合法权益。

第四，需要强化法治保障，完善乡村生态环保法律法规体系。通过制定和修订相关法律法规，明确生态环保的基本要求、法律责任和处罚标准。同时，要加强乡村环保执法力度，对违法违规行为进行严厉打击和处罚，形成有效的法律震慑作用。

（二）推动乡村治理能力现代化

推动乡村治理能力现代化是生态文明乡村建设的必然要求，也是增强乡村治理能力和水平的重要途径。在农业农村现代化进程中，乡村治理能力的提升不仅关乎乡村社会的和谐稳定，还直接影响乡村经济的繁荣发展。

第一，需要加强党组织的领导，充分发挥党组织在乡村治理中的核心作用。通过加强农村基层党组织建设，提高党组织的组织力和凝聚力，推动乡村治理工作的顺利开展。同时，要加强对党员干部的教育和培训，提高党员干部的政治素质和业务能力，为乡村治理提供有力的人才保障。

第二，需要优化基层政权机构设置，提高基层政权的治理效能。通过推进乡镇政府机构改革、完善乡镇政府职能和权限配置等方式,提高乡镇政府的行政效率和服务水平。同时,要加强基层政权与村民自治组织的协作与配合,形成合力共同推动乡村治理工作的深入开展。

第三,需要推进乡村法治建设,提高乡村治理的法治化水平。通过加强乡村普法教育、提高村民的法律意识和法治观念等方式,推动乡村治理工作的依法开展。同时,要加强乡村司法保障和法律援助工作的开展,为村民提供及时、有效的法律服务和支持。

第四,需要创新乡村治理模式,提高乡村治理的智能化和精细化水平。通过引入现代信息技术和智能设备、推广数字化治理方式等方式,提高乡村治理的效率和准确性。同时,要加强乡村治理模式的创新和实践探索,推动乡村治理工作的不断发展和完善。

四、推动乡村产业结构的优化升级

(一)促进乡村经济的多元化发展

乡村经济的多元化发展是乡村产业结构优化升级的重要表现,也是提升乡村经济韧性和抗风险能力的重要手段。生态文明乡村建设通过倡导绿色发展理念、推动农业供给侧结构性改革等措施,有效促进了乡村经济的多元化发展。

生态文明乡村建设鼓励和支持农业与二三产业的深度融合,通过发展乡村旅游、休闲农业、农村电商等新兴业态,延长农业产业链,提升农业附加值。例如,依托乡村优美的自然环境和丰富的文化底蕴,发展乡村旅游业,不仅能够吸引城市居民前来休闲度假,还能带动当地餐饮、住宿等相关产业的发展。同时,利用现代信息技术和电商平台,拓宽农产品的销售渠道,实现农产品的线上线下融合销售,提高农产品的市场占有率和附加值。

生态文明乡村建设注重培育新型农业经营主体,如家庭农场、农民合作社、农业产业化龙头企业等,这些主体在推动乡村经济多元化发展中发挥着重要作用。它们不仅能够提高农业生产的组织化、规模化和专业化水平,还能带动农民参与市场竞争，分享产业链增值收益。通过发展订单农业、品牌农业等新型农业经营模式，新型农业经营主体能够引导农民按照市场需求进行生产，提高农产品的市场竞争力和经济效益。

生态文明乡村建设鼓励和支持乡村创新创业，通过搭建创业平台、提供创业指导和服务等措施，激发乡村创新创业活力，这不仅能够吸引城市人才、资金、技术等要素向乡村流动，还能带动乡村新兴产业的发展和传统产业的转型升级。例如，支持乡村青年返乡创业，利用现代信息技术和电商平台，发展乡村特色产业和品牌产品，推动乡村经济的多元化发展。

（二）提高生态要素投入产出转化率

提高生态要素投入产出转化率是乡村产业结构优化升级的关键环节，也是实现乡村经济绿色发展的重要保障。生态文明乡村建设通过加强生态环境保护与修复、推广绿色农业技术等措施，有效提高了生态要素投入产出转化率。

生态文明乡村建设注重加强生态环境保护与修复工作，通过实施退耕还林、水土保持、污染治理等工程措施，保护和改善乡村生态环境。良好的生态环境是乡村经济发展的重要基础，也是提高生态要素投入产出转化率的前提条件。例如，通过实施退耕还林工程，不仅能够增加林地面积、提高森林覆盖率，还能改善土壤质量、提高水资源利用率，为农业生产和乡村经济发展提供有力的生态保障。

生态文明乡村建设积极推广绿色农业技术，如有机农业、生态农业、循环农业等新型农业发展模式和技术手段。这些技术不仅能够减少化肥、农药等化学投入品的使用量，降低农业生产对环境的污染和破坏，还能提高农产品的品质和附加值。例如，通过推广有机农业技术，不仅能够生产出更加安全、健康、优质的农产品，还能带动乡村有机农业产业的发展和壮大。

生态文明乡村建设注重优化生态要素配置，通过科学规划、合理布局等，提高生态要素的使用效率和产出效益。例如，在乡村土地利用方面，通过实施土地整治、土地流转等措施，优化土地资源配置，提高土地利用效率和产出效益。同时，在乡村水资源管理方面，通过实施节水灌溉、水资源循环利用等措施,提高水资源利用效率,保障农业生产和乡村经济发展的用水需求。

五、保障国家生态安全

(一)筑牢国家生态安全屏障

国家生态安全屏障是由自然生态系统和社会经济系统共同构成的复杂系统,能够有效抵御外部生态威胁,保障国家生态安全。生态文明乡村建设在筑牢国家生态安全屏障方面发挥了重要作用。

生态文明乡村建设注重自然生态系统的保护与修复。农村地区是自然生态系统的重要组成部分,拥有丰富的生物多样性和生态服务功能。通过实施退耕还林、水土保持、湿地恢复等措施,生态文明乡村建设有效保护了农村地区的自然生态资源,提高了生态系统的自我调节能力和恢复能力。这些措施不仅改善了农村地区的生态环境,还为整个国家的生态系统提供了重要的支撑和保障。

生态文明乡村建设强化了生态安全格局的构建。生态安全格局是指由关键生态功能区、生态廊道、生态节点等构成的具有生态安全保障功能的空间网络。通过科学合理的乡村规划和土地利用布局,生态文明乡村建设促进了生态安全格局的形成和完善。例如,通过划定生态保护红线、建设生态廊道等措施,有效保护重要生态区域和生态敏感区域,防止生态破坏和环境污染的蔓延。此外,生态文明乡村建设还加强了生态监测与预警体系的建设,通过建立和完善生态监测网络,对农村地区的生态环境进行实时监测和预警,能够及时发现并应对生态安全威胁,有助于提前采取措施,防止生态安全问题的发生和扩散,从而筑牢国家生态安全屏障。

(二)维护生态系统平衡与稳定

生态系统的平衡与稳定是国家生态安全的基础。生态文明乡村建设通过采取一系列措施,有效维护了生态系统的平衡与稳定,为国家的可持续发展提供了有力支撑。

一方面,生态文明乡村建设促进了生态资源的合理利用与保护。农村地区是生态资源的重要产地,如水资源、土地资源、生物资源等。通过实施资源节约型和环境友好型的农业发展模式,生态文明乡村建设有效提高了生态资源的利用效率,减少了资源浪费和环境污染。同时,通过加强对生态资源的保护和管理,确保了生态资源的可持续利用,维护了生态系统的平衡与稳定。

另一方面,生态文明乡村建设推动了生态系统的恢复与重建。由于人类活动的干扰和破坏,许多农村地区的生态系统已经失去了平衡和稳定。通过实施生态修复工程,如植树造林、水土保持、湿地恢复等措施,生态文明乡村建设有效促进了生态系统的恢复与重建。

第二节 青年"乡村CEO"推动的生态文明建设实践

一、生态农业的推广与实践

(一)青年"乡村CEO"在推广生态农业方面的作用

1. 引领创新理念

青年"乡村CEO"通常具备较高的教育背景和开阔的视野,他们能够将先进的农业管理理念和技术引入乡村,推动生态农业的创新发展。他们深刻理解生态农业对于乡村可持续发展的重要性,积极倡导绿色、循环、低碳的农业发展模式,引领乡村居民树立生态文明观念,形成保护生态环境的共识。通过举办讲座、开设培训班、现场示范等方式,青年"乡村CEO"向乡村居民普及生态农业知识,提高他们对生态农业的认识和接受度。

2. 整合多方资源

生态农业的推广与实践需要多方面的资源支持,包括技术、资金、人才、市场等。青年"乡村CEO"作为乡村治理的核心力量,能够有效整合这些资源,为生态农业的发展提供有力保障。他们通过政府项目申报、社会资金引入、技术专家聘请、市场渠道拓展等方式,为生态农业项目提供全方位的支持。同时,青年"乡村CEO"还注重与高校、科研机构、企业等外部机构的合作,建立产学研用一体化的生态农业推广体系。

3. 创新经营模式

青年"乡村CEO"在推广生态农业的过程中,注重创新经营模式,提高农业生产的组织化、规模化和市场化程度。他们通过成立农业合作社、家庭农场等新型农业经营主体,将分散的乡村居民组织起来,形成规模化的农业生产体系。同时,青年"乡村CEO"还注重运用电子商务、网络营销等现代营销手段,拓展农产品的销售渠道,提高农产品的市场知名度和美誉度。通过创新经营模式,青年"乡村CEO"为乡村经济的转型升级提供了有力支撑。

(二) 生态农业实践的具体成效

1. 乡村生态环境得到显著改善

生态农业的推广与实践有效地改善了乡村生态环境。通过采用绿色、环保的农业生产方式,减少了化肥、农药等化学物质的使用,降低了其对土壤、水源和空气的污染。同时,生态农业实践还注重保护生物多样性,维护生态平衡。例如,一些青年"乡村CEO"在推广生态农业的过程中,注重保护乡村的湿地、森林等生态系统,提高了乡村的生态服务功能。生态环境的显著改善不仅提高了乡村居民的生活质量,还为乡村的可持续发展奠定了坚实的基础。

2. 农产品品质得到提升

生态农业的推广与实践提升了农产品的品质。通过采用有机、绿色、无公害的农业生产方式,减少了化学物质在农产品中的残留,提高了农产品的安全性和营养价值。同时,生态农业实践还注重提升农产品的品质和口感,满足消费者对高品质农产品的需求。例如,一些青年"乡村CEO"在推广生态农业的过程中,注重推广优良品种和先进种植技术,提高了农产品的产量和品质。农产品品质的提升不仅提高了农民的收入水平,还增强了乡村农产品的市场竞争力。

3. 乡村经济实现可持续发展

生态农业的推广与实践推动了乡村经济的可持续发展。青年"乡村 CEO"通过优化产业结构、创新经营模式等方式，提高了农业生产的效率和效益。例如，一些青年"乡村 CEO"在推广生态农业的过程中，注重发展乡村旅游业，将乡村的自然风光、民俗文化等资源整合起来，打造乡村特色旅游品牌。乡村旅游的发展不仅吸引了大量游客前来观光旅游，还带动了乡村餐饮、住宿等相关产业的发展。乡村经济的可持续发展为乡村的全面振兴提供了有力支撑。

4. 乡村社会实现和谐稳定

生态农业的推广与实践促进了乡村社会的和谐稳定。通过改善生态环境、提高农产品品质、增加农民收入等方式，提高了乡村居民的生活水平和幸福感。同时，生态农业实践还注重保护乡村的传统文化和风俗习惯，增强了乡村居民的文化认同感和归属感。例如，一些青年"乡村 CEO"在推广生态农业的过程中，注重挖掘和传承乡村的传统文化和风俗习惯，通过举办文化节、民俗活动等方式，增强乡村居民的文化自信和自豪感。乡村社会的和谐稳定为乡村的可持续发展奠定了坚实基础。

二、乡村生态环境的保护与治理

（一）青年"乡村 CEO"在乡村生态环境保护与治理中的角色

随着乡村振兴战略的深入实施，青年"乡村 CEO"作为一股新兴力量，在乡村生态环境保护与治理中扮演着至关重要的角色。青年"乡村 CEO"通常具备较高的教育背景和专业技能，他们不仅熟悉现代企业管理理念，还深刻理解乡村发展的实际需求，能够将先进的环保理念和技术引入乡村，推动乡村生态文明建设的进程。

青年"乡村 CEO"是生态文明理念的传播者和实践者，通过自身的行动和宣传，向村民普及环保知识，提高村民的环保意识。青年"乡村 CEO"利用社交媒体、宣传栏、文化活动等多种形式，让环保理念深入人心，引导村民形成绿色、低碳、循环的生活方式。同时，他们还积极倡导绿色消费，推广环保产品，减少一次性用品的使用，促进资源的节约和循环利用。

青年"乡村CEO"是乡村生态环境保护与治理的规划者和组织者。他们能结合乡村的实际情况，制定科学合理的环保规划和实施方案。在规划过程中，青年"乡村CEO"注重生态优先、绿色发展，充分考虑乡村的自然资源和生态环境承载能力，合理安排农业生产、乡村建设和旅游开发等活动。他们通过组织环保项目、开展环境整治行动等方式，推动乡村生态环境的持续改善。

青年"乡村CEO"是环保技术和创新模式的引入者和推广者。他们关注国内外的环保技术和发展趋势，积极引进适合乡村的环保技术和创新模式。例如，青年"乡村CEO"可以引入生态农业技术，如轮作、间作、套种等，减少病虫害发生，降低农药使用量；推广生态养殖模式，如林下养殖、稻田养殖等，实现资源的循环利用。同时，他们还可以引入先进的污水处理技术、垃圾分类回收制度等，提高乡村环境治理的效率和效果。

青年"乡村CEO"是乡村生态环境保护与治理的协调者和监督者。他们与政府、企业、村民等各方保持密切沟通，协调各方利益，形成合力推动乡村生态文明建设。同时，他们还建立健全的监督检查机制，加强对环保项目实施过程和结果的检查评估，确保环保工作的有效进行。

（二）乡村生态环境保护与治理的实践经验

1. 坚持生态优先、绿色发展

环境问题一直是农村的头号难题，因此青年"乡村CEO"必须从整治"脏乱差"开始，全面推进农村环境的"三大革命"。农业面源污染治理、无废乡村建设、生态修复等措施都是有效的手段。例如，通过引导农民科学种植，提倡生态种植方式，减少农药和化肥的使用量，可以降低农业对环境的污染。同时，加强对畜禽养殖废弃物的处理和回收利用，建设沼气池、堆肥场等设施，对粪便进行无害化处理和资源化利用，也是改善乡村环境的重要途径。

2. 因地制宜、科学规划

每个村庄都有自己的发展规律和特点，因此青年"乡村CEO"必须构建一个科学合理的规划体系。例如，可以构建以县域美丽乡村建设规划为龙头的"1+4"规划体系，包括村庄布局规划、中心村建设规划、农村土地综合整治规划、历史文化村落保护利用规划。这样一来，每个村庄都能找到适合自己的发展路径，实现生态、经济、社会的协调发展。

3. 循序渐进、久久为功

不同的发展阶段有不同的整治重点，因此青年"乡村CEO"必须制定一系列针对性解决方案。既不刮风搞运动，也不超越发展阶段设立过高目标。例如，可以从垃圾集中处理、村庄环境清洁卫生入手，再到改水改厕、村道硬化、绿化亮化，再到产业培育、公共服务完善、数字化改革等，层层递进地推进乡村生态环境保护与治理工作。

三、乡村生态文化的培育与传播

（一）青年"乡村CEO"在培育与传播乡村生态文化方面的贡献

1. 挖掘与整理乡村生态文化资源

青年"乡村CEO"深知乡村生态文化是乡村的独特魅力所在，因此他们致力于挖掘与整理乡村的生态文化资源。他们深入乡村，走访老村民，搜集口头传说、民间故事、传统习俗等，通过文字、图片、音频、视频等多种形式记录下来，为乡村生态文化的传承与保护留下了宝贵的资料。同时，他们还注重对乡村自然景观、历史遗迹、传统建筑等物质文化资源的保护与利用，将这些元素融入乡村生态文化的培育与传播中，使乡村生态文化更加丰富多彩。

2. 创新与丰富乡村生态文化内涵

青年"乡村CEO"深知创新与丰富乡村生态文化内涵的重要性，因此他们致力于将现代生态理念融入乡村生态文化培育过程。他们结合现代生态理念，将环保、可持续发展等要素融入乡村生态文化中，使其更加符合时代发展的需求。例如，他们倡导绿色生活方式，鼓励乡村居民使用环保材料建房、采用节能技术照明、发展循环经济等,这些实践不仅改善了乡村的生态环境,还丰富了乡村生态文化的内涵。此外,他们还注重将乡村生态文化与乡村旅游、乡村教育等相结合,拓展乡村生态文化的应用领域,提高其社会影响力。

3. 构建与传播乡村生态文化品牌

青年"乡村CEO"深知品牌对于乡村生态文化传播的重要性,因此他们致力于构建与传播乡村生态文化品牌。他们通过对乡村生态文化资源的整合与提炼,形成具有独特魅力的乡村生态文化品牌,如"绿色乡村""生态农庄"等。同时,他们利用现代传媒手段,如互联网、社交媒体、短视频平台等,广泛传播乡村生态文化品牌,提高乡村的知名度和美誉度。这不仅有助于吸引外部游客和企业投资入驻,也为乡村生态文化的传承与发展提供了更广阔的空间。

4. 促进乡村生态文化的社区参与

青年"乡村CEO"深知社区参与对乡村生态文化培育与传播的重要性,因此他们致力于促进乡村生态文化的社区参与。他们通过组织各种文化活动、讲座、培训等,激发乡村居民对生态文化的兴趣与热情,引导他们积极参与乡村生态文化的建设与传播过程中。同时,他们还鼓励乡村居民发挥自身优势,如手工艺、民俗表演等,为乡村生态文化增添新的元素与活力。社区参与不仅增强了乡村居民的归属感与认同感,也为乡村生态文化的传承与发展奠定了坚实的群众基础。

(二) 乡村生态文化培育与传播的实践成果

1. 乡村生态文化认知度显著提升

在青年"乡村CEO"的推动下,乡村生态文化的认知度显著提升。通过广泛的宣传与教育,乡村居民对生态文化的了解与认同程度不断提高。他们开始意识到生态保护的重要性,积极践行绿色生活方式,为乡村的可持续发展贡献自己的力量。同时,外部游客对乡村生态文化的认知度也显著提升,他们被乡村的生态美景、文化底蕴所吸引,纷纷前来观光旅游,为乡村的经济发展注入了新的活力。

2. 乡村生态文化产业蓬勃发展

乡村生态文化的培育与传播促进了乡村生态文化产业的蓬勃发展。在青年"乡村CEO"的引领下，乡村居民开始将生态文化资源转化为经济资源，发展乡村旅游、手工艺品制作、民俗表演等产业。这些产业不仅为乡村居民提供了更多的就业机会与收入来源，也为乡村的经济发展注入了新的活力。同时，乡村生态文化产业的发展还带动了相关产业的发展，如餐饮、住宿、交通等，形成了完整的产业链，从而进一步推动了乡村的经济发展。

3. 乡村生态环境得到持续改善

乡村生态文化的培育与传播对乡村生态环境的改善起到了积极作用。在生态文化的熏陶下，乡村居民开始更加注重生态环境保护，积极参与环保活动，如植树造林、垃圾分类、污水处理等。这些实践不仅改善了乡村的生态环境质量，也提高了乡村居民的环保意识与责任感。同时，乡村生态环境的改善还吸引了更多游客前来观光旅游，为乡村的经济发展与生态文明建设提供了有力支撑。

4. 乡村社会治理水平不断提升

乡村生态文化的培育与传播对乡村社会治理水平的提升也起到了积极作用。在生态文化的引领下，乡村居民开始更加注重和谐共处、互帮互助，形成了良好的社会风尚。同时，青年"乡村CEO"还注重将生态文化融入乡村治理中，通过制定村规民约、开展环保教育等方式，引导乡村居民积极参与乡村治理，提高乡村的社会治理水平。这不仅有助于维护乡村的社会稳定与和谐，也为乡村的可持续发展提供了有力保障。

第三节 生态农业与循环农业的发展路径与成效

一、生态农业的发展路径分析

（一）生态农业的理论基础与核心理念

生态农业的理论基础是生态学、经济学和农业科学的交叉融合。生态学原理强调生态系统的整体性和稳定性，认为农业生产应尊重自然规律，维护生态平衡，实现资源的可持续利用。经济学原理则关注农业生产的效率和效益，追求在保护生态环境的前提下，实现农业生产的最大化收益。农业科学则为农业生产提供了具体技术和方法，确保生态农业的实践可行性和科学性。

生态农业的核心理念是实现农业生产的经济效益、生态效益和社会效益的有机统一，强调通过合理利用自然资源，最大限度地减少对环境的负面影响，同时提高农产品的质量和安全性，满足人们对健康、绿色食品的需求。生态农业还倡导农业生产的多样性和灵活性，以适应不同地区、不同气候条件下的农业生产需求。此外，生态农业还注重农业文化的传承和创新，将传统农业智慧与现代科技相结合，推动农业生产的可持续发展。

（二）生态农业的技术创新与实践模式

生态农业的技术创新是推动其发展的重要动力。随着科技的不断进步，生态农业领域涌现出了一系列新技术和新方法。例如，生物技术的应用为生态农业提供了更为精确和高效的方法，通过基因编辑技术、生物农药和生物肥料的研发与应用，可以显著提高农作物的产量和品质，同时减少化肥和农药的使用，降低对环境的污染。智能灌溉系统、无人机植保等现代农业装备的应用，也进一步提高了生态农业的生产效率和精准度。

在生态农业的实践模式方面，国内外已经探索出了多种成功的案例。例如，时空结构型生态农业模式，通过合理布局农作物种植结构，实现光、热、水、土等自然资源的最大化利用。这种模式不仅提高了农作物的产量和品质，还有效改善了农田生态环境。食物链型生态农业模式则通过构建农业生态系统内部的物质循环和能量流动关系，实现废弃物的资源化利用和能量的高效转化。这种模式不仅减少了农业废弃物的排放，还降低了生产成本，提高了经济效益。此外，还有一些结合当地实际情况的特色生态农业模式，如茶园养鸡型生态农业模式、丘陵山区梯田型生态农业模式等，这些模式都充分发挥了地区优势，实现了农业生产的可持续发展。

生态农业的实践模式还体现在农业与其他产业的融合创新上。例如，生态旅游和社区支持生态农业等新型农业业态的兴起，为生态农业的发展提供了新的思路和机遇。生态旅游将农业与旅游业相结合，通过开展农家乐、采摘园等农业旅游项目，吸引游客前来体验和消费，不仅增加了农民收入，还提高了农业的生态效益和社会效益。社区支持农业的方式则是通过建立消费者与生产者之间的信任关系，推动了本地农业的发展，减少了中间环节和浪费，提高了农产品的附加值和市场竞争力。

（三）生态农业的政策扶持与市场推动

生态农业的发展离不开政策的扶持和市场的推动。近年来，各国政府纷纷出台了一系列政策来推动生态农业的发展。这些政策涵盖了财政补贴、税收优惠、技术培训等多个方面，为生态农业的发展提供了有力的支持。例如，一些国家通过提供农业经营主体培育工程奖励、生态畜牧业奖励、生态精品农产品参评活动奖励等方式，激励农户和企业积极参与生态农业的发展。同时，政府还加大了对生态农业技术研发和推广的投入力度，提高了生态农业的技术水平和市场竞争力。

市场的推动也是生态农业发展的重要动力。随着消费者对健康和环保意识的提高，其对有机、绿色农产品的需求也不断增加。这种市场需求的变化促使农业生产者更加注重农产品的质量和安全性，推动了生态农业的发展。同时，一些大型超市、餐饮企业等也开始积极采购有机、绿色农产品，为生态农业的发展提供了更广阔的市场空间。此外，一些电商平台和社区支持农业等新兴商业模式的兴起，也为生态农业产品的销售提供了更为便捷和高效的渠道。

在政策扶持和市场推动的共同作用下，生态农业的发展取得了显著成效。一方面，生态农业的生产效率和经济效益不断提高，为农民和企业带来了更多的收益；另一方面，生态农业的生态效益和社会效益也日益凸显，为农业可持续发展和生态文明建设做出了重要贡献。同时，生态农业的发展还促进了农业与其他产业的融合创新，推动了农村经济的多元化发展。

二、循环农业的发展路径分析

(一) 循环农业的理论框架与循环机制

循环农业作为一种环境友好型农作方式,其理论框架基于物质循环再生原理和物质多层次利用技术。循环农业旨在通过推进农作系统中各种农业资源的往复多层与高效流动,实现节能减排与增收的目的,进而促进现代农业和农村的可持续发展。这一理论框架的核心在于将农业生态系统视为一个整体,强调系统内物质和能量的多级循环利用,以最大限度地提高资源利用效率并减少环境污染。

循环农业的循环机制主要体现在以下几个方面。首先,通过减少进入生产和消费过程的物质和能量,实现资源的减量化使用,从而节约资源并减少污染物的排放。其次,提高产品和服务的利用效率,鼓励再利用,减少一次性用品的污染。最后,促进物品的再循环,使完成使用功能的物品能够重新变成再生资源,并继续投入生产和消费过程中。这一循环机制确保了农业生态系统内的物质和能量流动形成一个闭环,实现了资源的可持续利用和环境的保护。

循环农业的理论框架与循环机制还体现在其对农业生态系统内部结构及产业结构的调整和优化上。循环农业运用可持续发展思想和循环经济理论与生态工程学方法,结合生态学、生态经济学、生态技术学原理及其基本规律,在保护农业生态环境和充分利用高新技术的基础上,对农业生态系统进行科学的规划和布局。通过提高农业生态系统物质和能量的多级循环利用,严格控制外部有害物质的投入和农业废弃物的产生,最大限度地减轻环境污染,实现生态的良性循环与农业的可持续发展。

(二) 循环农业的资源循环利用与产业融合

资源循环利用是循环农业的核心特征之一。循环农业通过一系列技术和措施,实现了农业废弃物的资源化利用和农业资源的高效循环利用。例如,在种植业中，可以通过秸秆还田技术、绿肥养地技术等措施，将农作物秸秆和绿肥等有机废弃物转化为土壤养分，提高土壤肥力和农作物产量。在畜牧业中，可以通过畜粪收集处理和有机肥加工利用等技术，将畜禽粪便等废弃物转化为有机肥料，既解决了畜禽粪便污染问题，又提供了优质的有机肥料。

此外，循环农业还通过农业产业链的延伸和拓展，实现了产业间的融合与循环。循环农业不仅仅停留在第一产业系统的内部循环（单一系统内循环），而更多的是表现为第一、第二产业系统之间的融合与循环，和第一、第三产业之间的融合与循环。例如，通过发展农产品加工业，将种植业和畜牧业的初级产品加工成高附加值的农产品，延长了农业产业链，提高了农产品的附加值和市场竞争力。

循环农业的资源循环利用与产业融合还体现在其对农业生态系统内部物质和能量流动的科学调控上。循环农业通过合理耕作、种养结合等措施，调节控制生态系统内的物质和能量流动，实现良性循环和可持续发展。例如，在种植业中，可以通过间作、套种、轮作等技术措施，提高土地利用效率和农作物产量；在畜牧业中，可以通过生态养殖技术，实现畜禽养殖与种植业的有机结合，提高资源利用效率和减少环境污染。

（三）循环农业的发展策略与实施路径

为了实现循环农业的可持续发展，需要制定一系列科学的发展策略并明确实施路径。政府应加强对循环农业的政策支持和引导。政府可以通过出台一系列优惠政策，如财政补贴、税收减免、信贷支持等，鼓励和引导农民和企业发展循环农业。同时，政府还应加强对循环农业的宣传和推广，提高农民和企业的环保意识和资源节约意识。循环农业的发展离不开先进技术的支撑，政府和企业应加大对循环农业技术研发的投入，鼓励科研机构和高校开展循环农业技术研究，推动循环农业技术的创新和应用，还应加强对农民和企业的技术培训，提高他们的技术水平和应用能力。

在实施路径上，可以从以下几个方面入手：一是推进农业废弃物的资源化利用。通过发展生物质能源、生物基材料等产品，实现农业废弃物的资源化利用和农业产业的多元化发展。二是推广循环农业技术和模式。通过示范项目和技术培训等方式，推广循环农业技术和模式，提高农民和企业的技术水平和应用能力。三是加强农业产业链的延伸和拓展。通过发展农产品加工业和农村服务业等产业，延长农业产业链，提高农产品的附加值和市场竞争力。

此外，还应注重循环农业的生态价值和社会价值的实现。循环农业不仅注重经济效益的提升，还强调生态系统服务功能的提升和社会价值的实现。因此，在发展循环农业的过程中，应注重保护农业生态环境和生物多样性，提高农业生态系统的稳定性和可持续性。同时，还应加强对农民和企业的社会责任感教育，引导他们积极参与循环农业的发展和实践。

三、生态农业与循环农业的成效分析

（一）经济效益

1. 农业生产效率的提升

生态农业与循环农业通过优化农业生产结构，提高资源利用效率，显著提升了农业生产效率。在传统农业模式中，资源利用往往存在浪费和低效的问题，如过量使用化肥、农药，导致土壤污染和水资源浪费。而生态农业通过推广有机肥料、生物防治等环保技术，减少了化学物质的投入，提高了土壤的肥力和农作物的抗病能力，从而实现了农业生产的增产增效。这些措施的实施，使得农业生产过程中的资源投入更加合理，生产效率得到显著提升。

2. 农产品附加值的增加

生态农业与循环农业注重农产品的品质和安全性，通过绿色的生产方式和严格的质量控制，提升了农产品的附加值。随着消费者对健康、绿色、有机食品的需求日益增长，生态农业和循环农业生产的农产品在市场上更具竞争力。这些农产品不仅满足了消费者对高品质食品的追求，还因其独特的生产方式和环保理念，获得了更高的市场认可度和品牌价值。因此，生态农业与循环农业不仅提高了农产品的市场价格，还增加了农民的收入来源，促进了农业经济的可持续发展。

3. 生态农业与循环农业对农民收入的影响

生态农业与循环农业的发展对农民收入产生了积极影响。一方面，通过提高农业生产效率和农产品附加值，农民可以直接从农业生产中获得更多的经济收益。另一方面，生态农业与循环农业的发展也带动了相关产业的发展，如农产品加工业、乡村旅游业等，为农民提供了更多的就业机会和收入来源。此外，生态农业与循环农业还注重农民的技能培训和知识普及，提高了农民的科学文化素质和职业技能水平，使其更好地适应现代农业发展的需要。因此，生态农业与循环农业的发展不仅提高了农民的经济收入，还改善了其生活质量，并提高了其社会地位。

（二）生态效益

1. 农业生态环境的改善

生态农业与循环农业通过减少化学物质的使用和废弃物的排放，有效改善了农业生态环境。在传统农业模式中，过量使用化肥、农药等化学物质会导致土壤污染、水源污染和生态破坏等问题。而生态农业通过推广有机肥料、生物防治等环保技术，减少了化学物质的投入，降低了对环境的污染压力。循环农业则通过构建农业废弃物资源化利用体系，实现了废弃物的减量化、资源化和无害化处理，减少了环境污染和生态破坏。这些措施的实施，使得农业生态环境得到了有效改善，为农业可持续发展提供了有力保障。

2. 生物多样性的保护与恢复

生态农业与循环农业注重生物多样性的保护与恢复，通过构建多样化的农业生态系统和保护野生动植物资源，维护了生态平衡和生物多样性。在传统农业模式中，单一作物种植和过度开垦等人类活动都会导致生物多样性的丧失和生态系统的退化。而生态农业通过推广轮作休耕、间作套种等种植方式，增加了农田生态系统的多样性和稳定性，为野生动植物提供了更多的栖息地和食物来源。循环农业则通过构建农业废弃物资源化利用体系，减少了废弃物对生态环境的破坏，为生物多样性的保护提供了有利条件。这些措施的实施，有助于恢复和保持农业生态系统的生物多样性，促进生态平衡和可持续发展。

3. 生态农业与循环农业对水资源和土壤资源的保护

生态农业与循环农业通过合理利用和保护水资源和土壤资源，实现了资源的可持续利用。在传统农业模式中，过度灌溉和不合理使用化肥等会导致水资源浪费和土壤污染等问题。而生态农业通过推广节水灌溉技术、使用有机肥料等环保措施，提高了水资源的利用效率和土壤肥力，减少了水资源浪费和土壤污染。循环农业则通过构建农业废弃物资源化利用体系，将废弃物转化为有机肥料或能源，既减少了废弃物对水资源和土壤资源的污染，又提高了资源的再利用率。这些措施的实施，有助于保护水资源和土壤资源，实现资源的可持续利用和农业的可持续发展。

（三）社会效益

1. 生态农业与循环农业对乡村社会结构的影响

生态农业与循环农业的发展对乡村社会结构产生了深远影响，通过提高农业生产效率和增加农民收入，促进了乡村经济的繁荣和发展，增强了乡村社会的凝聚力和稳定性。此外，生态农业与循环农业还注重农民的组织和参与，通过成立农民合作社、农业协会等组织形式，增强了农民的组织能力和市场竞争力，推动了乡村社会的现代化进程。

2. 生态农业与循环农业对乡村文化传承的作用

生态农业与循环农业的发展对乡村文化传承具有积极作用。一方面，生态农业与循环农业注重对传统农业智慧的传承和创新，通过推广传统农耕文化、农耕技艺等，增强了乡村文化的认同感和自豪感。另一方面，生态农业与循环农业的发展也促进了乡村文化与现代文化的融合与交流，通过引入现代科技手段、管理理念等，丰富了乡村文化的内涵和表现形式。此外，生态农业与循环农业还注重对乡村文化的保护和挖掘，通过保护乡村历史遗迹、民俗文化等，传承和弘扬了乡村文化的独特魅力和价值。

3. 生态农业与循环农业对提升公众环保意识的意义

生态农业与循环农业的发展对提升公众环保意识具有重要意义。一方面，通过推广环保技术和理念，增强了公众对环保的认识和重视程度，促进了环保意识的普及和提高。另一方面，生态农业与循环农业的发展也展示了环保与经济发展相协调的可能性，为公众提供了可持续发展的范例和启示。此外，生态农业与循环农业还注重公众参与和互动，通过开展环保教育活动、社区支持农业等方式，增强了公众的环保责任感和参与度，推动了环保事业的深入发展。

第八章 青年"乡村CEO"与浙江乡村人才队伍建设

第一节 乡村人才队伍是农业农村现代化中的关键要素

一、乡村人才队伍在农业农村现代化中的角色

(一)创新驱动者:推动农业科技创新与应用

农业科技创新是农业农村现代化的重要支撑,而乡村人才队伍则是这一创新过程的主体和推动者。乡村人才队伍中的农业科技工作者是农业科技创新的核心力量。他们致力于新品种的选育、新技术的研发和推广,通过基因编辑、分子标记辅助选择等现代生物技术手段,培育出高产、优质、抗逆的农作物新品种,为农业生产提供了优质的种子资源。同时,他们还积极研发和推广智能农业装备,如无人驾驶的拖拉机、智能化的灌溉系统、精准施肥设备等,实现了农业生产的精准化和智能化,大大提高了农业生产的效率和精准度。

除了农业科技工作者,乡村人才队伍中的农民企业家和新型职业农民也是农业科技创新的重要推动者。他们具有敏锐的市场洞察力和创新意识,敢于尝试新技术、新方法,将科技成果转化为现实的生产力。他们通过引进新品种、新技术,调整种植结构,发展特色农业,提高了农产品的附加值和市

场竞争力。同时，他们还积极与科研机构、高校等合作，开展产学研用协同创新，推动了农业科技成果的转化和应用。

（二）产业引领者：促进农业产业结构调整与升级

农业产业结构调整与升级是农业农村现代化的重要内容，而乡村人才队伍则是这一过程的引领者和实践者。他们通过市场调研和分析，准确把握市场需求和消费趋势，引导农民调整种植结构，发展适销对路的农产品，提高了农业的经济效益和社会效益。

乡村人才队伍中的农业企业家和合作社负责人，是农业产业结构调整与升级的主力军。他们具有敏锐的市场洞察力和战略眼光，能够准确把握市场动态，引导农民发展特色优势产业。他们通过组建合作社、家庭农场等新型农业经营主体，实现了农业生产的规模化和集约化，提高了农业的生产效率和市场竞争力。同时，他们还积极引进和培育农产品加工企业，延长了农业产业链，提高了农产品的附加值和品牌影响力。

此外，乡村人才队伍中的农业技术推广人员和农村经纪人也在农业产业结构调整与升级中发挥了重要作用。他们通过技术推广和示范，引导农民采用新技术、新品种，提高了农业生产的科技含量和品质。农村经纪人则通过对市场信息的分析和销售渠道的拓展，帮助农民将农产品销往更广阔的市场，实现了农产品的增值和农民收入的增加。

（三）治理参与者：加强乡村治理体系与能力建设

乡村治理体系与能力建设是农业农村现代化的重要保障，而乡村人才队伍则是这一过程的积极参与者和建设者。他们通过参与乡村治理，推动了乡村治理体系的完善和治理能力的提升，为农业农村现代化提供了有力的政治引领和组织保障。

乡村人才队伍中的村干部和党员是乡村治理的核心力量。他们通过加强基层党组织建设，提高了党组织的凝聚力和战斗力，为乡村治理提供了坚强的组织保障。同时，他们还积极参与乡村治理体系的改革和创新，推动了乡村治理的民主化和法治化进程。他们通过建立健全村民自治机制，引导农民依法有序参与乡村治理，维护了乡村的和谐稳定。

此外，乡村人才队伍中的社会组织和志愿者也在乡村治理中发挥了重要作用。他们通过参与乡村公共服务、环境保护、扶贫济困等活动，为乡村治理提供了有力的社会支持。社会组织通过提供专业化、多样化的服务，满足了农民多元化的需求，提高了乡村治理的水平和效率。志愿者则通过奉献爱心和力量，传递了正能量，营造了良好的乡村治理氛围。

（四）文化传承者：弘扬乡村文化与民俗传统

乡村文化与民俗传统是农业农村现代化的重要文化资源，而乡村人才队伍则是这一文化的传承者和弘扬者。他们通过传承和弘扬乡村文化与民俗传统，增强了农民的文化自信和认同感，为农业农村现代化提供了强大的精神动力和文化支撑。

乡村人才队伍中的文化工作者和民间艺人，是乡村文化传承的重要力量。他们通过挖掘、整理和传承乡村文化遗产，如传统戏曲、民间音乐、手工艺等，保护了乡村文化的多样性和独特性。同时，他们还积极开展了文化活动和艺术创作，丰富了农民的精神文化生活，提高了农民的文化素养和审美能力。

此外，乡村人才队伍中的教育工作者和青少年也在乡村文化传承中发挥了重要作用。教育工作者通过乡村教育，培养了农民的文化意识和创新精神，为乡村文化的传承和发展提供了人才保障。青少年作为乡村文化的未来传承者，通过学习和实践，逐渐形成了对乡村文化的认同和热爱，为乡村文化的传承和发展注入了新的活力。

二、乡村人才队伍在农业农村现代化中的作用

（一）提升农业生产效率与产品质量

1. 推广现代农业技术

现代农业技术是提高农业生产效率与产品质量的关键，乡村人才作为技

术的传播者和应用者，在推广现代农业技术方面发挥着不可替代的作用。

乡村人才通过学习和掌握先进的农业技术，如精准农业技术、生物技术等，将其应用于实际生产中，从而显著提高了农业生产效率。例如，精准农业技术通过利用地理信息系统、全球定位系统和传感器技术，对农业生产进行精确管理，实现精准施肥、灌溉和病虫害防治，有效减少了资源浪费，提高了作物产量和质量。生物技术的应用则通过基因编辑、转基因和杂交育种等技术，培育出高产、抗病、抗逆的新品种，进一步提升了农业生产的稳定性和可持续性。

乡村人才在推广现代农业技术的过程中，还注重与农民的合作与交流。他们通过举办培训班、开办田间学校、开展远程教育等形式，向农民传授现代农业技术知识和操作技能，提高农民的生产技能和科技文化素质。这种"传帮带"的方式不仅促进了农业技术的普及和应用，还增强了农民的自我发展能力。

2. 优化农业生产流程

优化农业生产流程是提高农业生产效率与产品质量的重要手段。乡村人才通过引入先进的生产管理理念和方法，对农业生产流程进行全面优化，从而提高了农业生产的整体效益。

一方面，乡村人才注重数据分析与决策支持在农业生产中的应用。他们通过收集和分析生产数据，了解产品生命周期中的各个环节，并根据数据结果优化生产流程。例如，在农业生产中，可以通过监测土壤湿度、气温等指标，预测作物的需求，并优化灌溉和施肥措施。这种基于数据分析的决策支持方式，使得农业生产更加科学、精准和高效。

另一方面，乡村人才还积极推动自动化技术在农业生产中的应用。他们引入自动化设备进行种植、施肥、收割等操作，减少了人工成本，提高了生产效率和收成质量。同时，他们还利用信息技术手段，实现农业生产的信息化管理。例如，通过农业信息平台，农民可以获取最新的市场信息、技术指导和天气预报，进行科学决策。电子商务的兴起，则使得农民可以通过互联网平台，将农产品直接销售给消费者，减少了中间环节，增加了收入。

此外,乡村人才在优化农业生产流程的过程中,还注重环保措施和资源利用的优化。他们采用有机农业和生态农业的方式,减少了化学农药和化肥的使用,增加了生物防治和有机肥料的应用,从而降低了对环境的污染。同时,他们还通过精细化农业的方式,合理利用土壤、水源和光线等资源,提高了资源的利用效率。

(二) 促进农村经济发展与农民增收

1. 发展特色农业产业

特色农业产业是农村经济发展的重要支撑,而乡村人才队伍在推动特色农业产业发展中起着至关重要的作用。

乡村人才队伍中的农业专家、技术人员等,具备丰富的专业知识和实践经验,能够为特色农业产业的发展提供强有力的技术支持。他们可以通过引进和推广先进的农业技术、优化种植养殖结构、提高农产品的产量和质量,从而增强特色农业产业的竞争力。例如,乡村人才可以引导农民采用精准农业技术,利用数据和传感器监测土壤湿度、温度和养分含量,优化灌溉和施肥策略,提高农业生产效率。

乡村人才队伍在推动特色农业产业与其他产业的融合与创新方面也发挥着重要作用。他们可以通过整合农业、旅游业、文化业等资源,发展乡村旅游、休闲农业、健康养老等特色产业,实现农业产业的多元化发展。同时,乡村人才还可以利用自身的专业知识和技能,推动农产品加工业的发展,延长农业产业链,提高农产品的附加值。乡村人才队伍中的市场营销和品牌建设人才,能够敏锐地捕捉市场需求变化,为特色农业产业提供市场导向。他们可以通过市场调研、品牌建设、营销策略等手段,提高特色农业产品的知名度和美誉度,扩大市场份额,促进农村经济的发展。

2. 拓宽农民增收渠道

农民增收是农村经济发展的重要目标之一,而乡村人才队伍在拓宽农民增收渠道方面发挥着不可替代的作用。

乡村人才队伍中的教育培训人才,可以通过开展各种形式的职业技能培训和创业教育，提高农民的职业技能和创收能力。他们可以针对农民的实际需求，提供农业技术、市场营销、电子商务等方面的培训，帮助农民掌握新的生产技术和经营方法，提高农业生产效率和经济效益。同时，乡村人才还可以鼓励农民发展家庭手工业、乡村旅游业等非农产业，拓宽农民增收渠道。乡村人才队伍中的就业服务人才，可以通过提供就业信息服务、开展劳务输出对接等方式，促进农村劳动力的转移就业。他们可以与城市用工企业建立合作关系，为农民提供就业机会和就业岗位，帮助农民实现非农就业和增收。乡村人才还可以引导农民返乡创业，通过创办家庭农场、建立农民合作社等方式，实现就地就近就业和增收。乡村人才队伍中的政策研究和服务人才，可以通过完善农业补贴和社会保障制度，为农民增收提供政策保障。他们可以根据农村经济发展的实际情况，提出科学合理的政策建议，推动政府采取更加有利于农民增收的政策措施。例如，可以建议政府提高种粮农民的直接补贴标准、扩大农业保险覆盖范围、提高农村最低生活保障水平等，从而增加农民的收入来源和提高农民的生活水平。

（三）改善农村生态环境与居住条件

1. 推广生态农业模式

生态农业是一种集农业生产、生态保护和社会经济发展于一体的现代化农业发展模式，强调在保护生态环境的前提下，合理利用自然资源，提高农业生产效率，实现农业与生态的和谐共生。乡村人才队伍在推广生态农业模式中发挥着至关重要的作用。

乡村人才通过深入学习和研究生态农业理论，掌握了生态农业的核心技术和管理方法。他们将这些知识和技术应用到实际生产中，通过调整农业种植结构、优化农业生产方式、推广有机肥料和生物防治等措施，有效减少了化学农药和化肥的使用，降低了农业面源污染，保护了农村生态环境。乡村人才还积极引导和鼓励农民参与生态农业实践，他们通过组织培训、现场示范和技术指导等方式，提高了农民对生态农业的认知和接受度，激发了农民参与生态农业的积极性。在乡村人才的带动下，越来越多的农民开始尝试生态农业模式,实现了农业生产与生态保护的双赢。此外,乡村人才还注重生态农业与乡村旅游业的结合,他们利用生态农业的景观资源优势和生态优势,发展乡村旅游产业,吸引了大量城市居民前来观光旅游和体验乡村生活。这不仅为农民提供了新的收入来源,也促进了农村经济的多元化发展。

2. 加强农村环境整治

农村环境整治是改善农村居住条件、提升农村生活质量的重要途径。乡村人才队伍在加强农村环境整治方面发挥着不可替代的作用。

一方面,乡村人才积极参与农村环境规划的制定和实施。他们根据农村的实际情况和发展需求,制定出科学合理的环境规划方案,明确整治目标和任务。同时,他们还负责监督环境规划方案的实施情况,确保整治工作按照既定目标有序推进。

另一方面,乡村人才在农村环境整治中注重发挥科技创新的作用。他们引进和推广先进的环保技术和设备,如垃圾分类处理设备、污水处理设施等,提高了农村环境治理的效率和效果。通过这些技术的应用,农村的生活垃圾和污水得到了有效处理,农村环境得到了明显改善。

此外,乡村人才还注重加强农村环保宣传教育。他们通过举办环保知识讲座、发放宣传资料、开展环保主题活动等方式,提高农民的环保意识和参与度。在乡村人才的引导下,农民逐渐养成了良好的环保习惯,形成了爱护环境、保护生态的良好风尚。

(四) 增强乡村社会凝聚力与稳定性

1. 促进乡村社会治理创新

乡村社会治理是乡村社会稳定与发展的关键。传统的乡村治理往往依赖于乡规民约和宗族权威,而在现代社会,这种治理模式已难以满足乡村发展的需求。乡村人才队伍,特别是那些具备现代管理理念和法律知识的人才,成为推动乡村社会治理创新的重要力量。他们能够将现代管理理念引入乡村治理中，推动乡村治理体系的科学化、规范化。通过建立和完善乡村自治组织，明确乡村治理的主体和责任，提高乡村治理的效率和公正性。同时，他们还能够利用信息技术手段，如大数据、云计算等，提升乡村治理的智能化水平，实现乡村治理的精准化和高效化。

乡村人才队伍在法律知识的普及和运用方面也发挥着重要作用。他们能够通过法律讲座、法律咨询等方式，提高乡村居民的法律意识，引导乡村居民依法维护自身权益，减少乡村社会的矛盾冲突。他们还能够协助乡村自治组织制定和完善乡规民约，使乡村治理更加符合法治精神，增强乡村治理的权威性和公信力。

2. 加强乡村精神文明建设

乡村精神文明建设是乡村社会凝聚力与稳定性的重要保障。乡村人才队伍在加强乡村精神文明建设方面同样发挥着不可替代的作用。

一方面，他们能够通过文化传承和创新，丰富乡村文化的内涵和形式。乡村人才中的文化工作者、艺术家等，能够深入挖掘乡村文化的独特魅力，创作出具有乡村特色的文化作品，提升乡村文化的吸引力和影响力。同时，他们还能够组织各种形式的文化活动，如乡村文化节、民俗表演等，增强乡村居民对乡村文化的认同感和归属感。

另一方面，乡村人才队伍在推动乡村道德建设方面也发挥着重要作用。他们能够通过道德宣讲、榜样示范等方式，弘扬社会主义核心价值观，引导乡村居民树立正确的道德观念和行为准则。同时，他们还能够协助乡村自治组织建立道德评议机制，对乡村居民的道德行为进行评价和监督，形成良好的道德风尚。

此外，乡村人才队伍还能够通过教育和培训，提升乡村居民的科学文化素质和文明素养。他们能够利用自身的专业知识和教育资源，为乡村居民提供多样化的教育和培训服务，帮助乡村居民掌握新知识、新技能，提升乡村居民的整体素质和发展能力。

第二节 青年"乡村 CEO"在人才队伍建设中的引领作用

一、青年"乡村 CEO"在人才吸引与集聚中的引领作用

(一) 青年"乡村 CEO"的示范效应

1. 成功案例的激励作用

青年"乡村 CEO"在乡村振兴实践中取得的成功案例,为其他青年人才提供了生动的示范和借鉴。这些案例不仅展示了青年"乡村 CEO"在乡村治理、产业发展、文化创新等方面的卓越才能,更重要的是,它们证明了青年人才在乡村广阔天地中大有可为。这些成功案例激发了更多青年人才的乡村创业热情,鼓励他们投身于乡村振兴的伟大事业中。成功案例的激励作用还体现在对乡村本土人才的唤醒上,许多乡村本土人才在长期的生活中,由于缺乏成功的榜样和激励,往往对自己的能力和价值产生怀疑,缺乏自信和动力。而青年"乡村 CEO"的成功案例,如同一盏明灯,照亮了他们的前行之路,让他们看到了自己的潜力和希望,从而激发了他们的积极性和创造力。

2. 个人魅力与影响力的吸引作用

青年"乡村 CEO"通常具备较高的综合素质和人格魅力,他们以其独特的领导风格、创新思维和务实精神,赢得了广泛的认可和尊重。这种个人魅力不仅增强了他们对青年人才的吸引力,还使得更多优秀青年人才愿意追随他们,共同为乡村振兴贡献力量。青年"乡村 CEO"的影响力还体现在他们对乡村文化的塑造和传播上,他们通过挖掘和传承乡村文化,打造具有乡村特色的品牌,提升了乡村的知名度和美誉度。这种文化影响力的提升,不仅增强了乡村的软实力,还吸引了更多对乡村文化感兴趣的青年人才前来探寻和交流。

(二) 青年"乡村CEO"在人才政策制定与实施中的角色

1. 参与政策制定,提出建设性意见

青年"乡村CEO"作为乡村振兴的实践者和见证者,对乡村人才的需求和状况有着深刻的了解和认识。他们积极参与人才政策的制定过程,根据自己的实践经验和乡村实际情况,提出具有针对性和可操作性的建设性意见。这些意见往往能够贴近乡村人才的实际需求,有助于制定出更加科学、合理和有效的人才政策。青年"乡村CEO"在参与政策制定时,还注重与政策制定者的沟通和协作,他们通过与政策制定者的深入交流和讨论,共同探讨乡村人才政策的发展方向和实施路径。这种沟通和协作不仅增强了政策制定的科学性和民主性,还提高了政策实施的可行性和有效性。

2. 推动政策落实,确保政策效果

青年"乡村CEO"在人才政策实施过程中发挥着重要的推动作用。他们凭借自己在乡村中的威望和影响力,积极宣传和推广人才政策,提高政策在乡村中的知名度和认知度。同时,他们还通过组织培训、提供咨询等方式,帮助乡村人才了解和掌握政策内容,引导他们积极参与政策的实施进程。青年"乡村CEO"还注重对政策实施效果的监督和评估,他们通过建立有效的监督机制,定期对政策实施情况进行检查和评估,及时发现和解决问题,还积极向政策制定者反馈政策实施效果,为政策的调整和完善提供有力依据。

(三) 青年"乡村CEO"在人才招募与选拔中的实践

1. 创新招募渠道与方式

青年"乡村CEO"注重拓宽人才招募渠道,利用多种方式和手段吸引优秀人才。他们通过社交媒体、招聘网站等线上平台发布招聘信息,扩大招募范围,还积极与高校、科研机构等建立合作关系,引进高素质人才。此外,他们还通过举办乡村创业大赛、开展人才交流会等活动,为乡村人才提供展

示才华和交流合作的平台。在招募方式上,青年"乡村 CEO"也注重创新和实践。他们采用灵活多样的招募方式,如实习实训、项目合作等,让优秀人才在实践中了解和认识乡村,增强他们对乡村的归属感和认同感。他们还注重对人才的全方位考察和评估,确保招募到的人才既具备专业技能和综合素质,又符合乡村发展的实际需求。

2. 建立科学选拔机制,确保人才质量

青年"乡村 CEO"在人才选拔方面注重建立科学、公正、透明的选拔机制。他们根据乡村发展的实际需求和人才的特点,制定合理的选拔标准和程序。在选拔过程中,他们注重对人才的综合素质、专业技能、实践经验等方面进行全面考察和评估,确保选拔出的人才既具备较高的专业素质和能力,又符合乡村发展的实际需求。为了确保选拔机制的科学性和有效性,青年"乡村 CEO"还注重邀请外部专家和机构进行评审和指导。他们邀请相关领域的专家和学者组成评审委员会,对候选人的申报材料进行评审和打分,还邀请专业机构对选拔过程进行监督和指导,确保选拔过程的公正性和透明度。

二、青年"乡村 CEO"在人才培养与提升中的引领作用

(一)青年"乡村 CEO"作为导师与教练的角色

1. 传授经验与技能,提升本土人才能力

青年"乡村 CEO"通常具备在城市或大型企业中的工作经验,他们将这些宝贵的经验和技能带入乡村,成为本土人才学习的重要资源。作为导师,他们通过一对一指导、工作坊、研讨会等多种形式,将现代管理理念、市场营销策略、财务管理技巧等知识传授给本土人才。这种知识的传授不仅限于理论层面,更重要的是通过对实践案例的分析和讨论,本土人才能够将这些知识应用于乡村发展的实际情境中。在技能提升方面,青年"乡村 CEO"注重培养本土人才的实践操作能力,他们组织技能培训课程,如

电子商务运营、农业技术革新、乡村旅游规划等,通过实操演练、项目合作等方式,提升本土人才的专业技能。这种以实践为导向的培训模式,不仅增强了本土人才的动手能力,还激发了他们对新技术、新方法的探索和创新精神。

2. 激发潜能,促进人才成长

青年"乡村CEO"深知,人才的培养不仅仅是灌输技能和知识,更重要的是激发其内在潜能和动力。他们通过设定具有挑战性的工作目标、提供创新性的项目机会,鼓励本土人才走出舒适区,勇于尝试新事物。在这个过程中,青年"乡村CEO"作为教练,给予本土人才充分的信任和支持,及时提供反馈和建议,帮助他们克服困难和挑战。同时,青年"乡村CEO"还注重培养本土人才的领导力和团队协作能力。他们通过组织团队建设活动、领导力培训项目,增强本土人才的沟通、协调和组织能力。这些能力的培养不仅提升了本土人才在乡村发展中的个人价值,也为乡村社会的整体进步奠定了坚实的基础。

(二)青年"乡村CEO"在人才培训体系建设中的贡献

1. 建立完善培训体系,满足不同层次人才需求

青年"乡村CEO"在乡村人才培训体系建设中发挥着核心作用。他们根据乡村发展的实际需求和本土人才的特点,设计了一套完善的培训体系。这个体系既包括了基础性的技能培训,如农业种植、养殖技术、手工艺制作等,也涵盖了高级的管理能力和领导力培训,如项目管理、战略规划、团队领导等。为了满足不同层次人才的需求,青年"乡村CEO"还采用了分层分类的培训方法。他们根据本土人才的年龄、教育背景、工作经验等因素,将其分为不同的培训群体,制订有针对性的培训计划,开设有针对性的课程。这种个性化的培训方式不仅提高了培训的针对性和有效性,也增强了本土人才的参与度和满意度。

2. 引入外部资源,丰富培训内容与形式

青年"乡村CEO"深知,乡村人才培训不能仅依靠内部资源,还需要引

入外部的优秀资源和先进经验。他们积极与高校、科研机构、企业等建立合作关系，邀请专家学者、行业领袖来乡村举办讲座，进行培训和交流。这些外部资源的引入，不仅丰富了培训的内容，而且拓宽了本土人才的视野和思维方式。在培训形式上，青年"乡村CEO"也进行了大胆的创新和尝试。他们利用现代信息技术手段，如在线学习平台、远程教育、虚拟现实等，为本土人才提供更加便捷、灵活的学习方式。这些新颖的培训形式不仅提高了培训的趣味性和互动性，也增强了本土人才学习的积极性和主动性。

（三）青年"乡村CEO"在人才激励机制创新中的实践

1. 设计合理薪酬体系，激发人才积极性

青年"乡村CEO"在人才激励机制创新方面进行了积极的探索和实践。他们深知，合理的薪酬体系是激发人才积极性的重要手段。因此，他们根据本土人才的工作性质、贡献大小和市场薪酬水平，设计了一套具有竞争力的薪酬体系。这个薪酬体系不仅包括了基本工资、绩效奖金等传统薪酬元素，还引入了股权激励、利润分享等长期激励机制。这些激励措施的实施，不仅提高了本土人才的物质待遇，也增强了他们对乡村发展的责任感和归属感。同时，青年"乡村CEO"还注重薪酬体系的公平性和透明度，确保每一位本土人才都能够得到应有的回报和认可。

2. 提供职业发展机会，增强人才归属感

除合理的薪酬体系外，青年"乡村CEO"还注重为本土人才提供广阔的职业发展空间和晋升机会。他们根据本土人才的职业规划和兴趣爱好，为其制订个性化的职业发展路径和晋升计划。通过提供内部晋升、跨部门轮岗、项目负责等机会，让本土人才在实践中不断成长和进步。同时，青年"乡村CEO"还积极搭建乡村人才与外部世界的交流平台，鼓励本土人才参加行业会议、研讨会、考察学习等活动。这些交流活动的开展，不仅拓宽了本土人才的视野和创新思维方式，也增强了他们对乡村发展的信心和决心。通过这种内外结合的方式，青年"乡村CEO"成功地为本土人才创造了一个充满活力和机遇的职业发展环境，增强了他们的归属感和忠诚度。

三、青年"乡村 CEO"在人才留存与发挥中的引领作用

(一) 青年"乡村 CEO"在创造良好工作环境中的努力

1. 改善工作条件,提高生活质量

青年"乡村 CEO"注重从基础设施和生活条件入手,为乡村人才提供舒适的工作和生活环境。他们积极争取政府和社会资本的支持,改善乡村的交通、通信、供水、供电等基础设施,提升乡村的整体生活品质。同时,他们还关注乡村人才的居住需求,推动建设人才公寓或提供住房补贴,吸引和留住更多优秀人才。除了物质条件的改善,青年"乡村 CEO"还注重精神文化的建设。他们倡导建立乡村图书馆、文化中心等公共设施,丰富乡村人才的文化生活,提升他们的精神境界。通过这些措施,青年"乡村 CEO"努力为乡村人才创造一个宜居宜业的工作环境,增强他们对乡村的归属感和认同感。

2. 营造积极向上工作氛围,增强团队凝聚力

一个积极向上、和谐融洽的工作氛围对于提高人才的工作积极性和团队凝聚力至关重要。青年"乡村 CEO"深知这一点,因此他们注重营造一种开放、包容、创新的工作氛围,鼓励乡村人才勇于尝试、敢于创新。青年"乡村 CEO"通过组织各种团队建设活动,如拓展训练、举办文化交流会等,增强乡村人才之间的沟通和协作能力。他们倡导平等、尊重的价值观,鼓励乡村人才表达自己的观点和想法,形成民主决策的良好风尚。同时,他们还注重培养乡村人才的团队意识和协作精神,通过共同的目标和愿景将大家紧密团结在一起。在青年"乡村 CEO"的带领下,乡村人才队伍形成了一种积极向上、团结协作的工作氛围。这种氛围不仅提高了乡村人才的工作积极性和创造力,还增强了团队的凝聚力和向心力,为乡村的持续发展提供了有力的人才保障。

(二) 青年"乡村 CEO"在人才职业发展规划中的支持

1. 提供职业发展规划指导,明确发展方向

青年"乡村 CEO"根据乡村人才的个人特点和职业需求,为他们提供个

性化的职业发展规划指导。他们通过与乡村人才进行深入交流，了解他们的职业兴趣、优势和发展目标，帮助他们制定切实可行的职业发展规划。同时，青年"乡村 CEO"还注重引导乡村人才将个人发展目标与乡村发展实践相结合，鼓励他们为乡村的繁荣贡献自己的力量。在提供职业发展规划指导的过程中，青年"乡村 CEO"还注重提升乡村人才的自我认知能力和职业规划意识。他们通过组织职业规划讲座、职业测评等活动，帮助乡村人才更好地了解自己的职业倾向和发展潜力，明确自己的职业方向和目标。

2. 搭建成长平台，促进人才职业晋升

青年"乡村 CEO"注重为乡村人才搭建成长平台，提供多样化的培训和学习机会。他们与高校、科研机构等建立合作关系，引进优质的教育资源，为乡村人才提供系统的培训和学习课程。同时，他们还鼓励乡村人才参加各种学术交流和实践活动，拓宽视野、增长见识。除培训和学习机会外，青年"乡村 CEO"还注重为乡村人才提供职业晋升的渠道和空间。他们根据乡村人才的工作表现和发展潜力，为他们制订个性化的职业晋升计划。通过设立晋升通道、提供晋升机会等方式，激励乡村人才不断追求进步、实现自我价值。

在青年"乡村 CEO"的支持下，乡村人才得到了充分的职业发展规划的指导和成长平台的搭建。他们不仅明确了自己的职业方向和目标，还获得了多样化的培训和学习机会、职业晋升的渠道和空间。这些措施有效激发了乡村人才的潜力和创造力，为乡村的持续发展注入了新的活力。

（三）青年"乡村 CEO"在人才作用发挥中的促进作用

1. 充分发挥人才优势，推动乡村创新发展

青年"乡村 CEO"注重发掘和发挥乡村人才的优势和特长，将他们安排在最适合的岗位上，实现人尽其才、才尽其用。他们鼓励乡村人才勇于创新、敢于实践，为乡村的创新发展贡献智慧和力量。在青年"乡村 CEO"的引领下，乡村人才积极参与乡村的产业发展、文化建设、社会治理等各个方面的工作，推动了乡村的全面创新发展。

青年"乡村 CEO"还注重引导乡村人才将所学知识和技能应用于乡村实

践中，解决乡村发展面临的实际问题。他们组织乡村人才开展科研攻关、技术创新等活动，推动乡村的产业升级和技术进步。同时，他们还鼓励乡村人才参与乡村的文化创意、旅游开发等项目，提升乡村的文化软实力和旅游吸引力。

2. 鼓励人才参与决策，增强乡村治理能力

青年"乡村 CEO"注重培养乡村人才的决策能力和治理意识，鼓励他们积极参与乡村的决策过程。他们通过设立村民议事会、乡村发展委员会等机构，为乡村人才提供参与决策的平台和渠道。同时，他们还注重听取乡村人才的意见和建议，将他们的智慧和力量融入乡村的治理和发展中。在青年"乡村 CEO"的鼓励下，乡村人才通过自己的专业知识和实践经验，为乡村的决策提供科学依据和有力支持，他们还注重与乡村其他群体加强沟通和协作，达成共识、形成合力，共同推动乡村的治理和发展。

第三节 加强乡村人才队伍建设的政策建议与未来展望

一、加强乡村人才队伍建设的政策建议

（一）强化教育培训体系

1. 建立健全乡村人才教育培训机制

建立健全乡村人才教育培训机制是提升乡村人才素质、推动乡村人才队伍建设的基础性工程，需要明确教育培训的目标与定位。乡村人才教育培训应紧密围绕乡村振兴的战略需求，以培养适应现代农业发展、具备创新创业能力、熟悉乡村治理的高素质人才为目标。这一目标定位决定了教育培训内容的设置、教学方法的选择和培训效果的评估标准。

乡村人才教育培训应涵盖基础教育、职业教育、继续教育等多个层次，形成从初级到高级、从理论到实践的全方位培训体系，应鼓励政府、高校、科研机构、企业等多元主体参与培训，发挥各自优势，形成合力。例如，政

府可以提供政策支持和资金保障，高校和科研机构可以提供优质的教学资源和科研支持，企业则可以提供实践机会和就业岗位。培训效果的评估是检验教育培训质量的重要手段，也是改进培训方法、提升培训效果的重要依据，因此应建立科学合理的评估体系，从学员满意度、技能提升情况、创业成功率等多个维度对培训效果进行评估。同时，应建立反馈机制，及时收集学员、导师及社会各界的意见和建议，不断优化培训方案，提高培训质量。

2. 推广先进的教育理念和方法

在教育培训体系中，先进的教育理念和方法是提升培训效果的关键，应树立以学员为中心的教育理念。在乡村人才教育培训中，应充分尊重学员的主体地位，关注学员的需求和兴趣，激发学员的学习积极性和创造力。同时，应注重培养学员的自主学习能力、实践能力和创新能力，使学员在培训过程中不仅能够获得知识和技能，还能够掌握学习的方法和技巧。

项目导向的教学方法通过让学员参与实际项目的设计和实施，使学员在实践中学习和成长，提高学员的实践能力和解决问题的能力。问题导向的教学方法则通过提出实际问题，引导学员进行思考和讨论，培养学员的批判性思维和创新能力。这两种教学方法都能够有效地增强培训效果，使学员在培训过程中获得更多的收获和成长。现代信息技术手段的广泛应用为教育培训提供了新的可能性和机遇。通过利用互联网、大数据、人工智能等现代信息技术手段，可以实现教育资源的优化配置和共享，提高教育培训的效率和质量。例如，可以建立在线学习平台，为学员提供便捷的学习途径和丰富的学习资源；可以利用大数据技术对学习行为进行分析和预测，为学员提供个性化的学习建议和方案。

此外，还应注重培养学员的团队协作能力和跨文化交流能力。在乡村人才教育培训中，应注重培养学员的团队协作能力和跨文化交流能力，使学员能够更好地适应现代社会对人才的需求。通过组织团队项目、开展跨文化交流活动等方式，可以培养学员的团队协作能力和跨文化交流能力，使学员在未来的工作和生活中具备更强的竞争力和适应力。

（二）优化人才引进机制

1. 拓宽乡村人才引进渠道

拓宽乡村人才引进渠道，是优化人才引进机制的首要任务。当前，乡村地区在人才引进方面面临诸多挑战，如信息不对称、招聘渠道单一等，导致乡村难以吸引到足够数量和质量的人才。因此，必须创新人才引进方式，拓宽乡村人才引进渠道，以更加开放、包容的姿态吸引各类人才投身于乡村建设。

乡村地区应与高等院校、职业院校等教育机构建立紧密的合作关系，通过校企合作、产教融合等方式，引导毕业生到乡村实习、就业和创业；可以邀请高校专家、教授到乡村开展讲座、培训等活动，提升乡村人才的知识水平和技能素质。随着互联网的普及和发展，网络平台成为人才引进的重要渠道，乡村地区可以依托各类招聘网站、社交媒体等网络平台，发布招聘信息，吸引更多人才关注乡村、了解乡村、走进乡村。同时，可以建立乡村人才数据库，对有意向到乡村工作的人才进行登记和管理，为乡村发展提供人才储备。社会组织在人才引进方面具有独特的优势和作用，乡村地区可以积极与各类社会组织合作，通过社会组织的力量引进人才。例如，可以与慈善组织、公益组织等进行合作，开展乡村支教、支农等活动，吸引有志于乡村建设的人才参与进来。

2. 提高乡村人才引进效率

提高乡村人才引进效率，是优化人才引进机制的核心目标。在拓宽引进渠道的基础上，还需要通过优化引进流程、提高引进质量等方式，确保人才引进工作的高效有序进行。

乡村地区应简化人才引进的审批程序，减少不必要的环节和手续，提高引进效率，要建立完善的人才引进服务体系，为引进的人才提供一站式服务，包括住房、医疗、教育等方面的保障，让引进的人才能够安心工作、舒心生活。在引进人才的过程中，要注重人才的综合素质和能力水平，确保引进的人才能够适应乡村发展的需要，可以通过设置合理的招聘条件、开展面试评估等方式，对引进的人才进行全面筛选和评估，确保引进的人才具备相应的专业知识和技能。

乡村地区应制定长期的人才引进规划，明确引进目标、任务和措施，确保人才引进工作的持续性和稳定性，要建立人才引进的激励机制和约束机制，对表现优秀的人才给予表彰和奖励，对不符合要求的人才及时进行调整和处理。此外，还需要注重人才引进与乡村发展的深度融合，乡村地区应根据自身的发展需求和实际情况，有针对性地引进人才，确保人才引进与乡村发展的有效对接，要加强对引进的人才进行培训和管理，提高人才的适应能力和创新能力，为乡村发展提供有力的人才支撑。

（三）健全人才激励机制

1. 完善乡村人才激励措施

在乡村人才队伍建设中，健全激励机制是激发人才工作积极性和创造力的核心。完善乡村人才激励措施，需要从多个维度出发，构建一个全面、系统、科学的激励体系，如表8-1所示。

表8-1 乡村人才激励措施

激励维度	激励措施
物质激励	提供专项补贴、奖励资金；落实税收优惠；保障合理薪酬待遇
精神激励	颁发荣誉证书、奖章；加强宣传报道；给予特殊荣誉称号
发展激励	提供免费或优惠培训；建立人才晋升通道；搭建交流平台；优先给予参与重要项目和决策的机会
环境激励	完善基础设施；解决住房、子女教育问题；建立人才服务机构

第一，物质激励是基础。政府和相关机构应提供专项补贴和奖励资金，对在乡村创业、做出突出贡献的人才给予现金奖励。这种直接的物质激励能够迅速提升乡村人才的经济收益，减轻其生活压力，从而更加专注于乡村发展。同时，应落实优惠的税收政策，如减免增值税、企业所得税等，减轻乡村人才的创业负担。此外，还应保障合理的薪酬待遇，确保乡村人才能够获

得与其贡献相匹配的经济回报，从而吸引更多人才留在乡村发展。

第二，精神激励同样重要。颁发荣誉证书和奖章，对优秀乡村人才进行表彰，能够提升其荣誉感和社会地位。通过加强宣传报道，让乡村人才成为榜样，提高其社会知名度和影响力，进一步增强其自我价值感。给予特殊荣誉称号，如"乡村振兴之星"等，也是激励乡村人才的重要方式，这种荣誉不仅是对过去贡献的认可，更是对未来潜力的期许。

第三，发展激励是乡村人才持续成长的动力。政府和相关机构应提供免费或优惠的培训机会，帮助乡村人才不断提升能力。通过建立人才晋升通道，让乡村人才看到在乡村发展的广阔前景，从而更加积极地投身于乡村建设。同时，应搭建交流平台，让乡村人才与外界互动交流，拓宽视野，激发创新思维。优先给予乡村人才参与重要项目和决策的机会，充分发挥其才能，提升其责任感和使命感。

第四，环境激励也是不可忽视的一环。完善乡村的基础设施，改善乡村人才的生活和工作条件，是吸引和留住人才的重要前提。解决乡村人才的住房、子女教育等后顾之忧，让他们安心扎根乡村，也是激励措施的重要组成部分。此外，建立人才服务机构，为所有乡村人才提供全方位的服务和支持，能够创造一个良好的人才发展环境。

2. 激发乡村人才的工作积极性和创造力

完善乡村人才激励措施的根本目的，在于激发乡村人才的工作积极性和创造力。为了实现这一目标，需要从多个方面入手，形成一个综合性的激励效应。

激励机制应与乡村人才的实际需求相匹配，乡村人才具有多样化的需求，包括经济需求、社会需求、尊重需求和自我实现需求等。因此，在制定激励措施时，应充分考虑乡村人才的实际需求，确保激励措施能够真正触动其内在动机。例如，对于经济需求较为迫切的乡村人才，应加大物质激励的力度；对于渴望得到社会认可和尊重的乡村人才，应提供更多的精神激励。

激励机制应具有公平性和竞争性。公平性能够确保乡村人才在激励过程中感受到公正和平等，从而增强其归属感和认同感。竞争性则能够激发乡村人才的进取心和斗志，促使其不断追求卓越和超越自我。因此，在制定激励措施时，应确保激励标准的客观性和一致性，避免主观随意性和偏袒现象的发生。同时，应设置合理的竞争机制，让乡村人才在竞争中不断成长和进步。

激励机制应具有持续性和动态性。乡村人才的工作积极性和创造力不是一成不变的，而是随着时间和环境的变化而不断变化的。因此，在制定激励措施时，应充分考虑其持续性和动态性，确保激励措施能够与时俱进、不断创新。例如，可以定期评估激励措施的效果，根据评估结果进行调整和优化；可以引入新的激励方式和手段，如股权激励、期权激励等，满足乡村人才不断变化的需求。

激励机制应与乡村发展的实际需求相结合。乡村人才是实现乡村振兴的重要力量，其工作积极性和创造力的激发应紧密围绕乡村发展的实际需求展开。因此，在制定激励措施时，应充分考虑乡村发展的战略目标和重点任务，确保激励措施能够引导乡村人才为乡村振兴贡献智慧和力量。例如，可以优先支持在乡村产业发展、社会治理、文化繁荣、生态优化等方面做出突出贡献的乡村人才；可以鼓励乡村人才积极参与乡村发展规划、项目决策等过程，提高其参与感和归属感。

二、浙江乡村人才队伍建设的未来展望

（一）发展趋势预测

1. 乡村人才队伍规模的不断扩大

随着乡村振兴战略的持续推进，浙江乡村对乡村人才的需求将持续增长，从而推动乡村人才队伍规模的不断扩大。这一趋势主要基于以下几个方面的因素。

第一，政策引导与激励。浙江省政府高度重视乡村人才队伍建设，通过出台一系列政策文件，如《浙江省人才发展"十四五"规划》等，为乡村人才提供了广阔的发展空间和优惠政策。这些政策不仅涵盖了人才引进、培养、使用、评价、激励等各个环节，还明确了各级政府在乡村人才队伍建设中的责任和任务，为乡村人才队伍的壮大提供了有力保障。

第二，乡村经济发展的需求。随着浙江乡村经济的不断发展和产业结构的优化升级，对乡村人才的需求也日益多样化。从传统的农业种植、养殖到现代的乡村旅游、农村电商等新兴产业，都需要大量具备专业知识、技能和经验的乡村人才来支撑。因此，乡村经济的持续发展将直接推动乡村人才队伍规模的扩大。

第三，社会观念的转变。随着社会的进步和人们观念的转变，越来越多的人开始认识到乡村发展的潜力和机遇。越来越多的青年才俊选择到乡村创业、就业和生活，为乡村人才队伍注入了新的活力。同时，随着城乡一体化进程的加速推进，城市与乡村之间的界限逐渐模糊，也为乡村人才队伍规模的扩大提供了有利条件。

2. 乡村人才队伍结构的不断优化

在乡村人才队伍规模扩大的同时，其结构也将不断优化，以适应乡村经济社会发展的需要。随着浙江乡村经济的多元化发展，对乡村人才的需求也呈现出多元化的趋势。未来，浙江乡村人才队伍将更加注重专业结构的优化，既要有懂农业、爱农村、爱农民的"三农"干部和乡土人才，也要有具备现代管理理念、创新能力和国际视野的复合型人才。通过优化专业结构，可以更好地满足乡村经济社会发展的多样化需求。

当前，浙江乡村人才队伍的年龄结构相对单一，以中老年人为主。未来，随着更多青年才俊的加入，乡村人才队伍的年龄结构将得到优化。青年人才具备更强的创新意识和实践能力，能够为乡村发展带来新的理念和活力。同时，通过实施一系列人才培养计划，如"万名国际化人才培养工程"等，可以进一步推动乡村人才队伍年龄结构的优化。随着教育水平的普遍提高和人们对知识价值认识的加深，浙江乡村人才队伍的学历结构也将得到优化。未来，将有更多高学历、高素质的人才选择到乡村工作和发展。这些人才不仅具备扎实的专业知识和技能，还具备较强的学习能力和创新能力，能够为乡村发展提供智力支持和创新动力。

3. 乡村人才队伍素质的不断提升

随着科技的进步和知识的更新换代，浙江乡村人才队伍需要不断学习新

第八章 青年"乡村 CEO"与浙江乡村人才队伍建设

知识、新技能,以适应乡村经济社会发展的需要。未来,浙江将进一步加强乡村人才的教育培训工作,通过举办各类培训班、讲座、研讨会等活动,不断提升乡村人才的知识素质和创新能力。除知识素质的提升外,浙江乡村人才队伍的技能素质也将不断提升。未来,浙江将更加注重实践能力的培养和实践经验的积累,通过实施一系列技能培训计划和实践锻炼项目,不断提升乡村人才的实践能力和创新能力。同时,还将鼓励乡村人才参与各类技能竞赛和实践活动,以赛促学、以赛促练。此外,浙江还将更加注重乡村人才的全面发展,通过实施一系列综合素质提升计划,如心理健康教育、职业道德教育等,不断提升乡村人才的综合素质和人文素养。同时,还将鼓励乡村人才积极参与社会公益事业和志愿服务活动,培养社会责任感和奉献精神。

(二) 政策建议与展望

1. 加大对乡村人才队伍建设的投入力度

在未来的乡村发展中,乡村人才作为核心驱动力,其队伍建设的重要性不言而喻。浙江作为中国经济较为发达的省份之一,乡村人才队伍建设不仅关乎本省乡村的全面振兴,也对全国乡村人才发展战略具有示范和引领作用。因此,加大对乡村人才队伍建设的投入力度,是浙江乡村未来发展的必然选择。

财政投入是乡村人才队伍建设的基础保障。政府应进一步增加对乡村人才发展的财政预算,确保乡村人才在教育培训、创新创业、生活保障等方面获得足够的资金支持。这些资金可以用于建立乡村人才培训基地,提供先进的培训设施和设备,邀请行业专家进行授课,提升乡村人才的专业技能和综合素质。同时,政府还可以设立乡村人才创新创业基金,为有志于在乡村创业的青年人才提供启动资金和风险保障,激发他们的创新活力和创业热情。

社会资本的引入是加大投入力度的重要途径。政府应积极引导社会资本投向乡村人才队伍建设,通过政策扶持、税收优惠等措施,鼓励企业和社会组织参与乡村人才培养和引进工作。例如,可以与企业合作建立乡村人才实训基地,让企业在乡村设立研发中心或生产基地,为乡村人才提供更多的实践机会和就业岗位。此外，还可以通过公益众筹、慈善捐赠等方式，筹集资金支持乡村人才的发展和成长。

加大对乡村人才队伍的投入还包括对乡村人才生活环境的改善。政府应重视乡村基础设施建设和公共服务配套，优化乡村的居住环境和生活质量，使乡村成为吸引和留住人才的好地方。这包括加强乡村交通、水利、电力等基础设施建设，完善乡村教育、医疗、文化等公共服务体系，为乡村人才提供便捷、舒适的生活条件。此外，加大对乡村人才队伍建设的投入力度还需要建立长效机制。政府应制定长期发展规划，明确乡村人才队伍建设的目标和任务，确保投入的持续性和稳定性。同时，应建立健全乡村人才队伍建设的考核机制，对投入的使用效果进行定期评估和监督，确保资金和政策的有效落实。

2. 完善乡村人才队伍建设的政策体系

政策体系是乡村人才队伍建设的制度保障。为了推动浙江乡村人才队伍的健康发展，必须完善相关政策体系，为乡村人才提供全方位的政策支持。

第一，要完善乡村人才的引进政策。政府应制定更加灵活、开放的人才引进政策，降低乡村人才引进门槛，拓宽人才引进渠道。例如，可以针对乡村特色产业和新兴领域，制订专项人才引进计划，吸引更多具有专业技能和创新精神的人才到乡村工作。同时，还应加强对乡村人才的户籍、住房、子女教育等方面的政策支持，解决他们的后顾之忧，增强他们对乡村的归属感和认同感。

第二，要完善乡村人才的培养政策。政府应加大对乡村人才的教育培训投入，建立健全乡村人才培训体系，提供多样化的培训项目和课程，满足乡村人才不同层次、不同领域的学习需求。同时，还应鼓励乡村人才参加职业技能鉴定和职称评审，提升他们的职业地位和社会认可度。此外，还可以通过建立乡村人才导师制度，让经验丰富的专家、学者、企业家等担任乡村人才的导师，为他们提供指导和帮助。

第三，还要完善乡村人才的激励政策。政府应建立健全乡村人才的薪酬激励机制，确保乡村人才的薪酬待遇与其贡献相匹配。可以通过设立乡村人才奖励基金、提供科研项目资助等方式，激励乡村人才积极投身乡村建设和发展。同时，还应加强对乡村人才的精神激励，通过表彰、宣传等方式，提升他们的社会知名度和影响力。

第四，要完善乡村人才的流动政策。政府应建立健全乡村人才流动机制，促进乡村人才在城乡之间、地区之间的合理流动。可以通过建立乡村人才信息库、举办乡村人才招聘会等方式，为乡村人才提供更多的就业机会和职业选择。同时，还应加强对乡村人才流动政策的引导和支持，鼓励他们到更需要的地方去工作和发展。

3. 加强乡村人才队伍建设的国际合作与交流

在全球化日益加深的今天，加强国际合作与交流是提升乡村人才队伍素质和能力的重要途径。浙江作为开放型经济的前沿阵地，应充分利用其地理位置和资源优势，加强乡村人才队伍建设的国际合作与交流。

一方面，要拓展国际合作渠道。政府应积极与国际组织、外国政府、科研机构等建立合作关系，开展乡村人才交流的国际合作项目。可以通过派遣乡村人才到国外学习、培训、考察等方式，让他们了解国际先进的农业技术、管理经验和发展理念，拓宽他们的国际视野和创新思维方式。同时，还可以邀请国外专家、学者来浙江举办讲座、交流、合作等，为乡村人才提供更多的国际交流机会和学习资源。

另一方面，要加强国际人才引进。政府应制定更加优惠的政策措施，吸引国际高端人才来浙江乡村工作和创业。可以通过提供签证便利、税收优惠、生活配套等全方位的服务和支持，为国际人才创造良好的工作和生活环境。同时，还应加强对国际人才的宣传和推广，提高他们的社会知名度和影响力，吸引更多国际人才关注浙江乡村、投身于浙江乡村。

此外，还要加强国际合作项目的实施和管理。政府应建立健全国际合作项目的管理机制和评估体系，确保项目的顺利实施，保障其有效成果。可以通过设立项目管理机构、制定项目管理办法、加强项目监督和评估等方式，提高国际合作项目的执行力和效率。同时，还应加强对国际合作项目的宣传和推广，让更多的乡村人才了解和参与国际合作项目，提升他们的国际合作能力和水平。

参考文献

[1] 张辉，王静，吴东立，等.典型国家农业农村现代化理论与实践研究[M].北京：科学技术文献出版社，2019.

[2] 郭玮.夯实农业农村发展基础推进农业现代化[M].北京：中国言实出版社，2014.

[3] 吴孔明，梅旭荣，袁龙江，等.加快农业农村现代化发展战略研究[M].北京：科学出版社，2022.

[4] 王绍芳.创新驱动农业农村现代化发展研究[M].青岛：中国海洋大学出版社，2019.

[5] 王美青.新时期浙江省农业农村发展实践与探索[M].北京：中国农业出版社，2009.

[6] 吴永常，等.中国式农业农村现代化理论研究与评价实践[M].北京：中国农业科学技术出版社，2022.

[7] 郭世平，毛丽霞.青年"乡村CEO"赋能乡村振兴的创新模式、现实困境和策略选择[J].中国青年研究，2023（2）：101-108，118.

[8] 黄伟，黄涛，苏光耀.乡村CEO赋能乡村产业振兴的路径研究[J].南方农机，2024，55（21）：127-129，133.

[9] 唐菁阳，汪磊，季方雨.乡村CEO嵌入乡村协同致富的逻辑与模式[J].智慧农业导刊，2024，4（19）：73-76.

[10] 高兴.乡村CEO赋能乡村振兴的PEST模型分析与路径研究[J].山西

农经，2024（12）：37-39.

[11] 王昱恺，李子薇，蒋凤至."乡村CEO"造血"新因子"[J]. 农民科技培训，2024（3）：18-19.

[12] 邱烜，王沛雯."CEO"领跑乡村集体经济[J]. 当代广西，2023（12）：46-47.

[13] 吴一凡，徐进，李小云. 城乡人才要素流动：对接现代性的浪漫想象——"乡村CEO"的理论分析与现实困境[J]. 贵州社会科学，2023（1）：144-151.

[14] 常明，李愿，李晶. 构建现代化农业经营体系加快推动农业高质量发展[J]. 新经济导刊，2024（11）：17-22.

[15] 张红宇，郭静威. 健全完善现代农业经营体系的道路选择[J]. 前线，2024（8）：65-68.

[16] 韦丹. 科技创新在农业现代化发展中的对策及推广应用[J]. 山西农经，2024（24）：159-162.

[17] 胡世霞，潘峰，邢美华，等. 农业科技创新赋能农产品区域公用品牌建设研究[J]. 湖北农业科学，2024，63（12）：211-215.

[18] 吴灵芝. 农业科技创新与农业经济发展的关系探讨[J]. 农村科学实验，2024（24）：93-95.

[19] 魏亚男. 农业产业链与创新链融合发展的理论内涵与实践路径[J]. 农业经济，2024（12）：25-26.

[20] 贾宏迅. 坚持改革赋能、创新引领打造农业科技现代化先行县"辛"模式[J]. 共产党员（河北），2024（22）：20.

[21] 梁丽燕. 强国建设中农业产业链优化升级策略研究[J]. 广西农学报，2024，39（4）：100-106.

[22] 黄院芳，张燕宇，赵廷锋，等. 农村电商现状分析及发展策略研究[J]. 山西农经，2025（1）：38-41.

[23] 盛乃华，陈成林，宋良文."互联网+"背景下农村电商技能型人才双元培育策略分析[J]. 粮油与饲料科技，2024（11）：231-233.

[24] 陈思思,邹建国,朱江,等.农村电商助力乡村产业振兴的现实困境与实现路径[J].农村经济与科技,2024,35(23):239-241.

[25] 辛亚楠.乡村振兴背景下加强农村精神文明建设的路径选择[J].山西农经,2024(24):27-29,132.

[26] 苏子格,杨雨芹,王韵捷,等.乡村文化产业数字化发展路径研究[J].活力,2024,42(24):178-180.